Mein Weg mit dem Engel

W0414653

Karina Silberweg

MEIN WEG MIT DEM ENGEL

Ryvellus
bei Neue Erde

Stellungnahme des Verlages:
Warum wir an der »alten« Rechtschreibung festhalten

Wir halten die »neue« Rechtschreibung für eine Fehlgeburt, und das konnte auch gar nicht anders sein, weil der Ansatz der Reformer war, das Schreiben einfacher zu machen. Wir als Verlag veröffentlichen unsere Bücher aber für Sie, liebe Leserin/lieber Leser - Sie sollen es als Leser einfach haben. Das Lesen und das Verständnis ist bei vielen Regeln der »alten« Rechtschreibung einfacher und klarer. (Denken Sie nur einmal, daß nach der neuen Rechtschreibung, zwei Autoren kein Buch mehr zusammenschreiben können, es hieße dann immer, sie hätten es zusammen geschrieben, auch wenn sie es zusammengeschrieben haben.) Im übrigen sind die neuen Regeln nun auch nicht eben frei von Widersprüchen. Auf Wunsch senden wir Ihnen gerne ein ausführliches Info mit den wichtigsten Ungereimtheiten am »Neuschrieb«.

1 2 3 4 5 6 7 15 14 13 12 11 10 09 08 07 06 05

Karina Silberweg
Mein Weg mit dem Engel
© Karina Silberweg/Neue Erde GmbH 2005
Deutsche Originalausgabe.
Alle Rechte vorbehalten.

Titelseite:
Illustration: Renate Baumeister
Gestaltung: Dragon Design, GB
Satz und Typographie: Dragon Design, GB
Gesetzt aus der Garamond 3

Gesamtherstellung: Legoprint, Lavis
Priinted in Italy

ISBN 3-89060-137-5

NEUE ERDE Verlag GmbH
Cecilienstr. 29 · 66111 Saarbrücken
Deutschland · Planet Erde
info@neueerde.de · www.neueerde.de

Vorwort

Vor langer Zeit, als ich zum ersten Mal die Stimme meines Engels hörte, habe ich versucht, anderen Leuten davon zu erzählen. Können Sie sich die Reaktionen vorstellen? Oder haben Sie selbst schon einmal versucht, mit anderen Menschen über Ihre spirituellen Erfahrungen zu reden? Denn daß Sie solche Erfahrungen schon gemacht haben, beweist die Tatsache, daß Sie ein Buch über Engel in der Hand halten. Von einem höflichen: »Das kann ich einfach nicht glauben« bis hin zu: »Du hast sie wohl nicht alle« gab es alle Varianten. Um in meiner Umgebung nicht für komplett bescheuert gehalten zu werden, entschloß ich mich, unter einem Pseudonym zu schreiben. Als mein erstes Buch heraus kam, wurde ich zu Vorträgen eingeladen. Und die Fragen, die dann in der anschließenden Diskussion gestellt wurden, unterschieden sich nicht von den Fragen, die in den Briefen meiner Leser standen. Die Hauptfrage war immer: »Wie hören Sie die Stimme Ihres Engels?« Meistens kam dann der Nachsatz: »Ich habe noch niemals etwas gehört.«

Wahrscheinlich geht man davon aus, daß ich die Stimme so höre wie ein menschliches Gegenüber. Das ist aber nicht so. Es fing damit an, daß ich laut schimpfend durch meine Wohnung fuhrwerkte und plötzlich aus meinem Innern die Worte kamen, ich sollte sofort damit aufhören, das täte weh. D. h. ich habe diese Worte nicht gesprochen, noch sie von außen gehört, sie waren einfach da, aber so dringend und so deutlich, daß ich sie einfach nicht ignorieren konnte. Ich hörte also auf zu schimpfen, setzte mich hin und versuchte, dieser, ich sage einfach Stimme, obwohl es eigentlich laute oder intensive Gedanken waren, nachzuspüren. Und dann kam die Information, daß sich mein Schutzengel bemerkbar gemacht hatte.

Von da an brauchte ich nur zu lernen, meine eigenen Gedanken von denen meines Engels zu unterscheiden. Zunächst scheint das Schwierigkeiten zu machen, aber mit einiger Übung und der Bitte an Gott, mir dabei zu helfen, ging es dann ziemlich problemlos.

In den Leserbriefen, die ich erhalte, kommt sehr oft folgender Satz vor: »Bitten Sie doch Ihren Engel Antaares, mir zu helfen bei –« und dann folgt die Sache, bei der mein Engel helfen soll. Ich gebe dann brieflich folgende Antwort: Wenn jemand meine Bücher liest, und Antaares lieben lernt, dann ist sowieso schon eine Verbindung da. Außerdem hat ja jeder Mensch seinen Engel und anstatt Antaares zu bitten, brauchte er nur seinen eigenen Engel zu – ich will es einmal so formulieren – aktivieren. Alles, was er dazu braucht, ist Liebe zu seinem Engel, Liebe zu Gott. Versuche aber bitte niemand, Gott und den Engel um Hilfe zu bitten, wenn er gerade auf irgend jemand eine Wut hat und ihm eins auswischen will. Dann kehrt sich das Ganze um und man kriegt es selber um die Ohren gehauen. Glauben Sie mir, ich weiß, wovon ich spreche.

Dann kommen auch immer Fragen nach bestimmten Dingen, zum Beispiel, wie heißt mein Engel, oder, wie lange muß ich das und das noch aushalten. So etwas frage ich gar nicht mehr. Genauso habe ich auch zu Anfang alles wissen wollen. Die einzige Antwort, die ich nach langem Drängeln erhielt, war: »Glaubst du, ich bin ein Auskunftsbüro?«

Dann schrieb jemand, es muß doch herrlich sein, jemanden zu haben, der einem immer sagt, was man tun soll. Da hat man mein Buch wirklich nicht richtig verstanden. Niemals ist darin von einer Anweisung oder einem Rat die Rede gewesen. Wenn ich in der Tinte sitze oder irgend etwas Verrücktes passiert, höre ich gar nichts von meinem Engel. Erst wenn alles vorbei ist, kriege ich Lob oder Tadel und Erklärungen. Nie würde ein Engel dem Menschen die von Gott gegebene Willensfreiheit beschneiden. Wir haben die Freiheit, alles zu tun, was wir wollen und wünschen, allerdings mit der Konsequenz, von allem auch die Folgen zu tragen. Und zwar nicht nur die von unserem Tun, nein, auch von jedem Gedanken.

Ich freue mich über jeden Leserbrief, Antaares auch, dies Kapitel aber, so fand er, sollte erklären, was möglich ist und was nicht. Es sollte deutlich gemacht werden, daß niemand mich und meinen Engel um etwas bitten muß, denn es steht ja geschrieben: »Euer Vater weiß, wes ihr bedürfet, ehe ihr denn bittet.« (Mt. 6, 8)

Wenn ich das zu jemanden sage, kommt meistens die Antwort, man habe IHN schon so lange gebeten, nie sei Antwort oder Hilfe gekommen. Antaares sagt, man dürfe bei einer Bitte nie den Nachsatz, aber nicht mein, sondern Dein Wille geschehe, vergessen. Es geschieht immer alles nur zu unserem Besten, auch wenn wir das zunächst nicht einsehen. Mein größtes Unglück, das mir zustieß, weswegen ich von einer Eisenbahnbrücke springen wollte, (vergl. »Mein Engel und ich«, Einleitung) war in Wirklichkeit mein größtes Glück. Allerdings stellte sich das erst dreißig Jahre später heraus. Und diese dreißig Jahre, das kann ich Ihnen versichern, waren kein Zuckerschlecken. So bittet Sie Antaares und ich natürlich auch, verlieren Sie das Vertrauen nicht, daß Gott Sie liebt und immer nur das Beste für Sie im Sinn hat.

Ich erinnere mich an die Bilder von der großen Überschwemmung in Afrika. Die Menschen fielen von den Bäumen und ertranken, eine Frau brachte auf einem Baum ihr Kind zur Welt, ich ertrug die Bilder nicht mehr.

»Antaares, das ist zu schrecklich, warum nur, warum?«

Antaares antwortete in beruhigendem Ton: »Wenn du nur für eine Sekunde auf die andere Seite sehen könntest, da ist die reinste Seligkeit, die unendliche Freude, denn nur dieses Geschehen löste das Karma dieser Völkergruppe. Kannst du dir den Jubel vorstellen?«

Da wurde mir leichter ums Herz und ich dankte ihm.

Was jetzt noch zu sagen wäre, gilt für diejenigen, die meine beiden ersten Bücher nicht gelesen haben. Ehe Sie sich in das Abenteuer dieses Buches stürzen, vergessen Sie, was Sie bisher unter Realität verstanden haben. Sie tauchen in eine völlig neue Welt ein, die aber mehr Realität besitzt als Ihre bisherige. Ich habe keine ausufernde Phantasie und kann auch nicht lügen wie Baron von Münchhausen. Was hier steht, ist die reine Wahrheit, so wahr mir Gott helfe.

Ideen?

Ich bekam einen Leserbrief mit viel Lob für meine Bücher. Zum Abschluß standen die Worte: Ich wünsche Ihnen noch viele so gute Ideen. Nach dem ich mich von meiner Verblüffung erholt hatte, sagte ich mir, diese Frau hat eigentlich nichts verstanden. Ob sie wirklich denkt, ich hätte mir das alles sozusagen aus den Fingern gesogen? Ob sie denkt, daß ich mich wie ein Romanautor an den Schreibtisch setze und Ideen ausbrüte? Die Sache sieht wesentlich anders aus. Es geschieht etwas, oder ich sitze in einer Patsche. Ich strampele mich heraus, entweder auf dem richtigen Weg oder ich mache Blödsinn. Ich verstehe nicht, warum etwas passiert und grübele darüber nach. Und irgendwann kommt dann eine Antwort in meinen Kopf. Bei dem Geschehnis kommt eine Erklärung oder es heißt wie bei einem kleinen Kind: »Das verstehst du jetzt noch nicht.« Habe ich wirklich »Mist gebaut«, folgt ein Anpfiff, der ist meistens nicht von schlechten Eltern. Bei vielen Dingen kommt es vor, daß ich sie nicht aufschreiben und damit der Öffentlichkeit zugänglich machen will. Entweder habe ich Angst, mich zu blamieren, oder daß man mich für größenwahnsinnig hält. Es nützt aber nichts, wenn ich mich weigere. Dann bläst mir mein ständiger Begleiter Nacht für Nacht den Text ins Ohr, so daß ich nicht schlafen kann. Nach ein paar Nächten gebe ich auf und schreibe. Ich kann es dann ja schon auswendig. Ich habe etwa soviel Phantasie wie eine Kühlschranktür, ich könnte mir so viele verrückte Dinge gar nicht ausdenken. In meinem ersten Buch ist eine Geschichte, die ich mir wirklich ausgedacht habe. In jungen Jahren habe ich mich sehr ausdauernd mit germanischer Mythologie beschäftigt. Alle Götter Germaniens waren in meinen Gedanken höchst lebendig. Wotan und Freia waren mir näher als Christus und der liebe Gott.

Das änderte sich, als ich als Praktikantin in einer Tbc-Heilanstalt arbeitete (Vgl. Mein Engel und ich, Kapitel: Der Herr segne dich). Ich nahm Abschied von den Göttern Germaniens, schrieb ihnen als letzte Huldigung das Gedicht »Götterdämmerung« und später die Geschichte »Begegnung«. Wenn ich mir diese Geschichte heute nach mehr als vierzig Jahren durchlese, kommt mir der Gedanke, daß da wohl schon ein Engel mitgemischt hat. Falls Sie neugierig geworden sind, Sie finden Gedicht und Geschichte im Anhang.

Jetzt ist es mir wichtig, daß man mir glaubt, daß alles, was ich schreibe und beschreibe eine Engelwahrheit ist und gar nichts davon auf meinem »eigenen Mist« gewachsen ist. Wenn es Ihr Herz nicht berührt, ist es besser, Sie lesen einen Krimi oder noch besser, einen Liebesroman.

Doppelzimmer

Ich saß am Schreibtisch und lachte. Ich konnte mich »überhaupt nicht wieder einkriegen«, wie man bei uns einen Lachanfall kommentiert.

»Antaares, findest du das auch so herrlich komisch?«

»Ich hab's schon gelesen, als es geschrieben wurde, es ist wirklich einmalig. Ihr Engel und ich haben uns alles schon bildlich vorgestellt.«

»Wie – schon gelesen?«

»Ich kann mich so lang machen, daß ich von hier bis zu der Schreiberin reiche, das weißt du doch, für Geistwesen ist das kein Problem.«

Sofort fiel mir wieder eine verrückte Bemerkung ein: »Wie der Mann, der von der Dampfwalze überfahren wurde, der liegt jetzt im Krankenhaus von Zimmer drei bis fünfzehn.«

»Ein plattgewalzter Engel, du hast ja doch einen Vogel.«

»Weiß ich.«

Doch nun zur Erklärung dieser etwas verworrenen Vorrede: Ich bekam folgenden Leserbrief, den ich hier in Auszügen wiedergebe:

Liebe Karina.

Ihr Buch »Mein Engel und ich« ist mir einen schmunzelnden Leserbrief voller Heiterkeit und Freude wert. Nein, gelesen habe ich Ihr Buch nicht … ich habe es in einem »Haps« abends im Bett verschlungen, um danach mitten in der Nacht zum Telefon zu wetzen, um unbedingt meiner Schwester einen tollen Buchtipp mitzuteilen, die dann stöhnend aber mich kennend, zu Stift und Papier zu greifen bereit war. (Was für ein Satz!)

Ich habe beim Lesen gegluckst, gelacht, die Augen verdreht, zustimmend genickt – ach, wie kommt mir vieles so bekannt vor.

Und ein Vorschlag: Wenn Ihr Engel zur Erholung dann erst mal eine Weile in Urlaub geht, kann er mit meinem gleich ein Doppelzimmer buchen – das wird preiswerter. (Ich finde, den Vorschlag sind wir unserer »Chefetage« schuldig, schließlich sind wir die Verursacher der Kosten für überstrapazierte Engel.)

Die Engel sind eben für den täglichen »Gebrauch« für uns da, und kein Sonntagsgeschirr nur für hohe Feiertage in der guten Stube.

Während des Lesens schon sah ich in meiner Phantasie zwei gelangweilte Engel in einem Hotelzimmer auf den Betten sitzen und die Wände andösen. Oder sich mit Schachspielen die Zeit vertreiben. Oder abends an der Bar hocken und sich darüber unterhalten, was ihre Schützlinge wohl für einen Blödsinn anstellen ohne qualifizierte Aufsicht.

Antaares quietschte vor Vergnügen. »Also, so haben wir uns das nicht vorgestellt. Eher auf einer Doppelwolke herumlümmeln und uns über euch amüsieren.«

»Wer nimmt jetzt hier wen auf die Schüppe?« wollte ich wissen.

»Wir uns gegenseitig«, lachte er.

Ich muß noch von der Schreiberin die Erlaubnis zur Veröffentlichung holen, glaube aber, daß sie nichts dagegen haben wird, es wäre zu schade.

Gabi

Ich hatte versprochen, einer Freundin in Wien Engel zu schicken gegen ihre Angst. Sie war in einer so schrecklichen Lage, daß es mir das Herz zerriß.

Abends im Bett: »Antaares, bitte schick Gabi einen Anti-Angst-Engel und einen Engel des Friedens. Am besten noch den Engel der Erkenntnis, warum sie das alles durchleiden muß.«

Keine Antwort.

»Antaares, bitte, sag etwas!«

Was dann kam, verstand ich nicht. »Ich kann es nicht.«

Nanu, was sollte das denn?

»Wieso kannst du das nicht, das gibt es doch gar nicht!«

»Ich kann nicht und ich darf nicht«, das klang sehr traurig, aber ich wurde erst einmal zornig.

»Würdest du mir das bitte erklären?«

»Es muß wohl ein bestimmtes Maß an Schmerz durchlitten werden zur Entwicklung dieser Seele, anders kann ich es mir auch nicht erklären, es tut mir so leid.«

Ich dachte einen Augenblick nach. Na gut, wenn er es nicht kann, wende ich mich eben an eine höhere Instanz.

»Maria, du bist eine Mutter, du kennst den Schmerz einer Mutter um ihr Kind. Bitte, hilf du Gabi, schick ihr deine Liebe und Zuversicht, damit sie nicht durchdreht. Tu es auch um meinetwillen.«

Es blieb still. Ich gab nicht auf, bat weiter. Dann hörte ich eine noch aus meiner ersten Begegnung von Val d'Isere vertraute Stimme, sehr leise, sehr fern, aber ich hörte sie: »Ich will es tun!«

»Danke«, seufzte ich erleichtert. Jetzt konnte ich einschlafen.

Beweise

Es ist eine wunderbare Sache, wenn das, was mein Engel mir 1995 erzählt hat, jetzt von der Wissenschaft bestätigt wird. In »Mein Engel und ich« Kapitel »Unsere Erde« sagte er: »Der Meeresboden ist ein Filter, durch den das Wasser in das Erdinnere läuft.«

Der Geophysiker Gary Glatzmann, weltweit einer der profundesten Experten für das Erdinnere: »Der Meeresgrund ist rissig wie ein ausgetrockneter Feldweg, das Erdinnere ist durch ein gigantisches Drainagesystem mit den Weltmeeren verbunden.«

Antaares sagte: »Was macht ihr mit eurem Müll? Er kommt in Verbrennungsanlagen. Die Temperaturen darin sind wie eine Kerzenflamme gegen die im Erdinneren.«

Professor Glatzman: »In der Tiefe rauscht ein 2200 Kilometer breiter Strom aus flüssigen Eisen.«

Antaares: »Die Erde ist ein lebendiges Wesen und kann sich selbst entgiften.«

Der Professor: »Es leben Mikroorganismen im Erdkern, die sich von giftigen Stoffen ernähren, sie verdauen Schadstoffe aus dem Grundwasser und produzieren Sauerstoff.«

Ein Engel sagt es auf einfache Weise, der Wissenschaftler muß es ja dokumentieren. Den Artikel fand ich in der TV Hören und Sehen von der 47. Woche. Als ich es las und mich richtig freute, hatte ich das Gefühl, Antaares rieb sich vergnügt die Hände. Gesagt hat er nichts dazu. Ich fand auch: Kommentar überflüssig.

Walter

Die Präzision, mit welcher von allerhöchster Stelle die Dinge geplant und ausgeführt werden, versetzt mich immer wieder in größtes Erstaunen. Allerdings bin ich auch in der glücklichen Lage, die Zusammenhänge von meinem geliebten Antaares erklärt zu bekommen. Aber nicht, ehe ich mir selbst Gedanken gemacht habe und alles, was geschehen ist, als den Willen Gottes anzusehen. Dann erst werden mir die Einzelheiten erklärt.

Vor sage und schreibe zehn Jahren traf ich eine Klassenkameradin, die ich seit der Schulzeit nicht mehr gesehen hatte. Wie hätte ich ahnen können, daß sich durch diese Begegnung das Leben einiger Menschen grundlegend ändern würde. Sie erzählte vom Klassentreffen meiner Abiturklasse, da ich aber wegen einer fünf in Mathe gar nicht bis dahin vorgedrungen war, hatte ich auch nie eine Einladung erhalten. Aber sie sorgte dafür, daß ich zum nächsten Treffen eine Einladung bekam. Ich war begeistert und fuhr mit meinem Mann, da die Partner immer mit eingeladen waren, nach Weinheim. In meinem Überschwang und der Freude, wieder dabei zu sein, redete ich wie ein Wasserfall und war völlig überdreht. Bis Friedhelm, der neben mir saß, mich ziemlich hart anfuhr, ich sollte endlich den Mund halten, es sei nicht auszuhalten. Wenn mich einer hart anfährt, ist das für mich ein körperlicher Schmerz. Ich fühlte aber sofort die Hand meines Engels auf der Schulter, ich solle ruhig sein, es sei alles in Ordnung. Friedhelm und seine Frau gingen bald darauf. Inges Mann Günther war mir auf Anhieb sympathisch. Er und seine Inge waren auf dem selben spirituellen Wege wie mein Mann und ich, und daraus entwickelte sich eine wunderbare Freundschaft.

Was ich damals nicht ahnte, es war Günther nicht beschieden, noch viele Jahre unter uns zu bleiben. Aber er hatte einige grundlegende Fehleinstellungen, oder soll ich sagen, zu eingefahrene Denkweisen in Bezug auf Gott und Seine Allmacht. In langen Gesprächen konnte ich einiges davon abbauen und Antaares half kräftig mit. Durch diese Gespräche und meine Bücher über meinen Schutzengel wurde auch Sohn Torsten ganz sachte in die gleiche Richtung geschoben, die, wie sich jetzt herausgestellt hat, für ihn und seine ganze Familie fast als lebenswichtig herausgestellt hat. Zuhause angekommen, meinte mein Engel, er habe mich nur wegen Günther nach Weinheim geschickt. Heute weiß ich, daß es auch wegen Torsten gewesen ist.

Beim nächsten Klassentreffen hielt ich mich sehr zurück, hatte aber das Gefühl, doch fehl am Platze zu sein, fuhr also das nächste Mal nicht hin. Dann kam das fünfzigjährige Jubiläum des Abiturs. Und das fand in meinem Heimatort statt. Da war ich also wieder dabei.

Was da geschah, war für mich ein Wunder. Alle waren nicht nur freundlich, sie überboten sich in Fürsorge, nahmen mich wirklich liebevoll in ihrem Kreis auf. Ich wurde umarmt und geküßt – ich war noch nie in einer Gemeinschaft so glücklich. Mit dem ehemaligen Klassenkameraden Adolf hatte ich ein ganz besonderes Gespräch. Seine Schwester Lena, die auch dabei war, hatte meine Engelbücher gelesen und ihm davon erzählt. Nun wollte er sie auch lesen. Ich wußte, er war einer von den Hartgesottenen, die keinen Willen über dem eigenen anerkennen. Es war ein gutes Gespräch, und ich dankte meinem Engel, daß ich soviel Liebe erfahren durfte.

Voll freudiger Erwartung fuhr ich zum nächsten Klassentreffen.

Es ließ sich alles so schön an. Wir kamen zwar etwas verspätet, aber alle begrüßten mich sehr lieb, und wir nahmen uns in die Arme. Beim gemeinsamen Abendessen saß ich neben Adolf und erlebte sozusagen einen Bekehrten. Ich war unendlich glücklich darüber. Ohne jeden äußeren Anlaß wurde ich aus heiterem Himmel von Walter plötzlich scharf angegriffen. Wieso ich dazu käme, Dinge über die Klasse zu veröffentlichen, ohne Erlaubnis derjenigen. Er tat so, als hätte ich irgendwelche privaten Dinge über die Kameraden veröffentlicht. Da ich das erste Treffen in meinem Buch »Mein Engel und ich« beschrieben hatte, taucht dort auch der Name Friedhelm auf. Ohne Nachnamen, ohne Angabe des Ortes, nur daß mich jemand Namens Friedhelm zurecht gewiesen hatte. Und daß er, wie wir alle, schon etwas getrunken hatte. Da stand der Satz: Er verließ leicht schwankend den Raum. Mehr nicht. Aber Walter hatte das Buch durch Zufall in die Hände bekommen und erzählte nun den entsetzt lauschenden Zuhörern Dinge, die ich nie geschrieben hatte. Die reinste Hölle brach los. Friedhelm verlor völlig die Fassung und drohte mit juristischen Maßnahmen. Wilfried erklärte, dann könne man ja den Mund nicht mehr auftun, ohne zu befürchten, daß ich alles veröffentlichen würde. Ich versuchte vergeblich, zu erklären, was nun wirklich in meinem Buch stände, aber ich wurde niedergebrüllt. Lena, Inge und Adolf wollten mich verteidigen, denn sie wußten ja, was ich geschrieben hatte. Man hörte ihnen gar nicht zu. Da stand ich auf und erklärte, daß ich jetzt gehen würde und sie könnten ganz beruhigt sein, ich wollte morgen früh abfahren und auch nie wieder zum Klassentreffen erscheinen.

Am nächsten Morgen checkten wir aus. Ich war traurig und hatte auch ein paar Tränen vergossen. Ich dachte darüber nach, was das nun alles zu bedeuten hatte. Wie sollte ich mir erklären, daß Walter so unsinnige Dinge sagen konnte, wieso diese schreckliche Wut und Angst, wenn sie doch nichts zu verbergen hatten? Aber nicht einen einzigen Augenblick konnte ich wirklich böse auf sie sein. Irgendwie taten sie mir sehr, sehr leid. Ich bat für sie um Vergebung.

Zuhause, nach Meditation und Gebet bekam ich von meinem Engel die Erklärung: »Zum ersten Treffen wurdest du, wie ich dir schon sagte, Günthers wegen hingeschickt und weil später auch Günthers Sohn Torsten diesen Weg gehen sollte. Als das Treffen in deiner Stadt war, habe ich dir eine, ja, wie soll ich es nennen, eine Tarnkappe übergestülpt. Erinnerst du dich, wie gesagt wurde, du wärest ganz anders gewesen? Du weißt, daß deine Ausstrahlung für nichtspirituelle Menschen kaum zu ertragen ist. Damit dich aber alle akzeptierten bei dem Treffen, habe ich die Ausstrahlung so heruntergefahren, daß du so normal gewirkt hast, wie alle anderen. Und zwar diesmal wegen Adolf. Es ist gelungen. Um diese Menschen ging es in Wahrheit bei den Treffen. Deine Aufgabe an dieser Klasse ist damit beendet.

Jetzt mußten wir einen Weg finden, dich wieder herauszuholen. Walter erklärte sich bereit, das zu tun. Er ist einer der strahlendsten Engel, die bereit sind, auch scheinbar gemeine Dinge zu tun, wenn wir darum bitten. Friedhelm war bewußt von ihm aufgestachelt worden. Das war leicht, denn Friedhelm geht nun mal gern in die Wolken.

Du hast eine Aufgabe erfüllt, nun kannst du in aller Ruhe auf die Nächste warten.«

Gut, daß ich keine Ahnung hatte, wie schwer sie sein würde. Sie betraf meine Schwester.

Braves Mädchen

Es fehlen nur noch wenige Monate bis zur Vollendung meines siebzigsten Lebensjahres. Nanu, was habe ich denn da für einen Satz gebastelt? Sonst schreibe ich: Nun bin ich fast siebzig. Da kann man mal sehn, ich kann auch stilistisch tolle Sätze machen. Aber in meinen Büchern geht es ja nicht um literarische Vollendung, sondern um die Botschaft, die ich 'rüberbringen soll. Die heutige Geschichte ist allerdings keine Botschaft, sondern eine Anekdote. Aber so schön, daß ich sie Ihnen nicht vorenthalten möchte.

Ich saß nach dem Schwimmen mit den Kindern in dem Sammelumkleideraum, hatte gerade meine Haare kurz angeföhnt aber noch nicht gekämmt. Die kleine Katharina, acht Jahre alt, schaute mich nachdenklich an. Und dann kam der Satz: »Mit dem Pony in der Stirn siehst du aus wie ein braves Mädchen«, und nach einem weiteren prüfenden Blick: »Nur ein bißchen faltig.«

Braves Mädchen!! Mir blieb beinah »die Spucke weg«. Dann mußte ich so lachen, daß alle mitlachten.

Antaares sagte mir am Abend, daß er laut mitgelacht hätte. Schade, daß das außer mir keiner hören konnte.

Fred

Sicher hat jeder schon von dem Turiner Grabtuch gehört, auf dem das Antlitz des Gekreuzigten zu sehen ist. Ich habe ein Bild davon und zwar in Farbe. Es gibt eine Geschichte zu der Entstehung dieses Fotos. Als der Streit um die Echtheit des Tuches vor vielen Jahren in eine heiße Phase getreten war, bekam ein Fotoreporter die Erlaubnis, das Tuch zu fotografieren. Dieser Mann war der festen Meinung, alles sei nur Lug und Betrug, er glaubte weder an Jesus Christus, noch an eine Kreuzigung, kurz gesagt, er war ein absoluter Nihilist. Das Abbild auf dem Tuch ist schwarz, aber als der Fotograf die Bilder entwickelte, war das Gesicht in Farbe und so deutlich, als sei der Mensch darauf am Leben, zumal jetzt die Augen offen waren. Der entsetzte Mann sah in diese Augen – und ging ins Kloster!

Dies Bild steht bei mir in der Diele in einem Silberrahmen. Eine Besucherin sah es, schoß darauf los mit den Worten: »Wo kriege ich das Bild?«

Ich versprach, mich darum zu kümmern.

Jetzt muß ich schon wieder viele Jahre zurückgehen um das, was gestern passierte, verständlich zu machen. Ich hasse das!

Aber einfach die Fakten dem Leser um die Ohren hauen geht ja auch nicht, obwohl es für mich viel einfacher wäre. Es dauert mir immer viel zu lange, bis ich zu dem kommen kann, was zu erzählen die meiste Freude macht. Es hilft aber nichts.

Also, vor vielleicht zehn Jahren kaufte ich mir das Buch von Silvia Wallimann »Mit Engeln beten«. Im Vorwort wurde behauptet, wenn man das Buch erst nur an das Bett legt, ohne es zu lesen, würde es schon seine Wirkung tun. Ich glaubte kein Wort davon, es lag aber an meinem Bett und gelegentlich las ich darin.

Eine Weile später begann ich mit meinem Engel zu reden, aber nicht im Entferntesten brachte ich es mit dem Buch in Verbindung. Ich dachte auch nicht daran, als mir eine Leserin eine unglaubliche Geschichte von meinem Buch »Mein Engel und ich« erzählte. Sie war im Urlaub mit ihrem Mann nach Serbien gefahren. Auf dem Rückweg wurde sie krank, krümmte sich vor Bauchschmerzen. Es war eine schlechte Straße und der nächste Ort noch weit. Sie sagte: »Ich weiß nicht, wieso ich es tat, aber ich legte mir dein Buch auf den Bauch und ein paar Minuten später ging es mir besser.«

Ich war sprachlos, mußte ihr glauben, auch wenn es für mich kaum vorstellbar war.

So, und nun kann ich endlich auf mein Ziel lossteuern.

Ich nahm das Christusbild und ging damit in einen Kopierladen und ließ zwei Kopien machen. Steckte die drei Bilder in eine Klarsichthülle und ging zur Bank. In der Schalterhalle kam mir Fred entgegen. Ein unkomplizierter, fröhlicher Mensch, aber absolut nicht spirituell. Wir kannten uns schon fast vierzig Jahre, hatten viele Feste miteinander gefeiert und begrüßten uns immer mit einer Umarmung und einem Wangenkuß. So auch jetzt. Als wir uns losließen schüttelte er sich. »Mein Gott, hab' ich auf einmal eine Gänsehaut, ich friere richtig.«

Ich: »Seit wann frierst du?«

Er: »Seit du mich umarmt hast. Und jetzt kriege ich auch noch Tränen in die Augen, wie kommt das denn?«

Ich nahm an, er sei gerade in die Bank hineingegangen und da es ziemlich windig war, meinte ich nur: »Das ist wohl der Wind.«

Er schüttelte den Kopf und ging schnell weg. Als ich die Bank verließ, lief mir der nächste Freund über den Weg. Auch der nahm mich zur Begrüßung in den Arm. Wir redeten ein bißchen, als er sagte: »Mensch, ist das kalt heute, ich friere.«

Fred kam aus der Bank und ging an uns vorbei. Dabei guckte er über die Schulter zurück und sein Gesichtsausdruck war seltsam. Immer wieder schaute er über die Schulter nach uns. Seine Miene zeigte ganz deutlich: »Verpaßt sie ihm jetzt auch eine Gänsehaut? Was ist da eigentlich passiert? Mir ist ganz komisch.«

Ich habe mir bei alledem wirklich noch nichts gedacht. Aber als mir auf dem Heimweg selber mulmig wurde, begann ich nachzudenken. Wie immer, wenn zuviel Spiritualität auf mich zukommt, tut mir nach kurzer Zeit alles weh. Ich kroch geradezu nach Hause. Inzwischen war mir auch aufgegangen, daß drei Christusbilder wohl für alle Beteiligten zuviel gewesen waren.

»Ich habe wirklich erwartet, daß du etwas schneller kapierst«, resümierte mein Engel. »Du hättest auch wissen müssen, wieviel Kraft und Ausstrahlung von solchen Dingen wie Büchern und Bildern ausgehen, die von Gott reden. Und du weißt auch, daß dein Körper nur eine bestimmte Menge davon erträgt.«

»Kann ich denn ahnen, daß ich nicht einmal ein Jesusbild anfassen darf?«

»Eins? Alle drei hast du liebevoll in die Hand genommen, du Dämlack!«

»Als Engel drückst du dich mal wieder sehr unengelig aus. Sowas darfst du doch gar nicht.«

»Bei dir schon, du nimmst ja auch nie ein Blatt vor den Mund.«

Das nächste war, daß ich meinen Mann bat, die Bilder zurecht zu schneiden. Ich wollte sie am selben Tag ums »Verrecken nicht« noch einmal anfassen. Es stellte sich heraus, daß die Farbe abblätterte. Also ging ich am anderen Tag wieder hin, um zu reklamieren. Die Angestellte bekam den Mund nicht wieder zu.

»Das gibt es doch gar nicht. Sowas ist noch nie passiert. Selbstverständlich bekommen Sie zwei Neue.«

Ich fragte, was jetzt mit den alten geschehe.

»Die bleiben hier liegen, bis der Techniker kommt. Soll der doch den Fehler finden.«

Au weh, dachte ich, was werden die Bilder in dem Laden anrichten!

Als ich am Nachmittag dies alles meiner Freundin erzählte, raufte die sich schier die Haare.

»Ausgerechnet bei diesem Miststück müssen die Bilder bleiben, ich fasse es nicht!«

Sie berichtete dann, was dort vorgefallen war, und mir standen auch die Haare zu Berge. Was sagte mein Mann dazu?

»Die Gesunden bedürfen des Arztes nicht, wohl aber die Kranken!« (Lk 5, 31)

Und ich kann Ihnen versichern, dies alles auseinanderzuklamüsern, war harte Arbeit. Die Aufteilung gefällt mir auch nicht so richtig, aber besser kann ich es nicht. Entschuldigung.

Hinuntergefallen

Diese Geschichte hat nichts mit meinem Engel zu tun, außer daß er meinte, ich solle sie aufschreiben.

Ich träumte, ich stehe auf einem Hochhaus, so hoch, daß ich die Straße unter mir kaum erkennen konnte. Ich beugte mich vor, um hinunter zu sehen, da gab mir jemand einen Stoß, so daß ich abstürzte. Schreiend fiel ich in die Tiefe, ich fiel und fiel und dachte dabei, mein Gott, wie lange das dauert. Dann fiel mir ein, gleich stirbst du, der nächste Gedanke, nimm es an. Ich fühlte, wie sich mein ganzer Körper entspannte, ich hörte mich sagen: »Lieber Gott, gleich bin ich da.«

Auf einmal war da eine tiefe Ruhe, das Brausen in den Ohren hörte auf, alles war ganz still.

Ob ich den Aufprall noch spüre, dachte ich weiter, aber im Grunde war das völlig gleichgültig. Zugleich verwandelte sich der rasende Sturz in ein sanftes Schweben. Immer langsamer wurde es, und dann kam ich ganz sanft unten an, wachte auf und lag in meinem Bett.

Noch völlig benommen versuchte ich, zu begreifen, daß ich lebte. Dann kam ein großes Glücksgefühl, ich hatte mich in Todesangst darauf gefreut, jetzt zu Gott zu kommen. Ich wußte jetzt, daß ich auch im wirklichen Sterben keine Angst haben würde, wenn ich nur loslassen konnte. Und daß ich es konnte, hatte mir dieser Traum gezeigt.

Danke, lieber Gott!!!

Nur wer liebt ...

Die Geschichten, von denen ich berichten muß, sind jede einzelne für sich gar nicht so interessant oder wichtig. Antaares möchte aber, daß ich sie aufschreibe. Nach langen Diskussionen, in denen ich ihn zu überzeugen versuchte, daß sie viel zu lang und für den Leser auch weder lehrreich noch unterhaltsam wären, einigten wir uns dahin, daß ich sie in Kurzform in einem Kapitel unterbringe. Das wird für meine Art zu schreiben ziemlich mühsam sein, und wenn Sie jetzt nicht die gewohnt flüssige Form meines Stils vor sich haben, möchte ich mich von vornherein schon entschuldigen.

Ein sehr lieber Freund war vor zwei Jahren ganz plötzlich verstorben. Seine Frau, die wußte, daß ich hin und wieder Kontakt mit dem Jenseits hatte, fragte immer wieder, ob er sich noch nicht bei mir gemeldet hätte. Er hatte nicht, und das wunderte mich auch sehr. Meinen Verdacht, daß er sich drüben nicht so empfangen fühlte, wie er sich das vorgestellt hatte, teilte ich ihr nicht mit.

Vor einigen Tagen hörte ich, wie er meinen Namen rief. Er hatte immer eine besondere Betonung in dem Wort, so daß ich ihn sofort erkannte. Ehe ich etwas fragen konnte, kam von ihm der Satz: »Es war alles falsch, es war alles falsch!«

Ich wußte, was er meinte. Er war so ein wunderbarer Mensch gewesen, hatte immer Lebensfreude und Optimismus ausgestrahlt. Was ich aber auch gespürt hatte, war, daß er keine Demut hatte und gewissen Dingen mit Unduldsamkeit begegnete.

Dann kam der Satz, weswegen ich diese Geschichte aufschreiben sollte, als Mahnung, wie Antaares erklärte: »Ich habe zu Gott gebetet, aber nur an mich geglaubt.«

Das Wort »Dein Wille geschehe« war für ihn nur ein Lippenbekenntnis. Er war von seiner Geisteskraft so überzeugt, daß er alles selbst »in den Griff kriegen könne.«

Es war sein Stolz, der ihn zu Boden zwang, als er ankam und er hatte fast zwei Jahre gebraucht um es überhaupt aussprechen zu können.

Es war nicht leicht, seiner Frau diese Worte zu übermitteln.

Ich saß mit drei Frauen an unserem Kamin. Zwei hatte ich eingeladen, die dritte hatte davon erfahren und sich selbst eingeladen. Mir war nicht recht wohl dabei, irgendwie hatte ich das Gefühl, sie paßte nicht so recht dazu, obwohl sie sich sehr für spirituelle Dinge interessierte. Und richtig, auf eine Bemerkung von mir, die absolut nicht böse gemeint war, wurde sie böse. Sie stand auf und verließ schimpfend das Haus. Ihre Wut stand in keiner Relation zu meinen Worten, ich war völlig von den Socken. Die beiden anderen meinten, da hätte ich wohl einen ganz wunden Punkt bei ihr getroffen, von dem ich nicht wußte, wie sehr es sie verletzen würde.

Am anderen Morgen rief sie sehr früh an. Ich wollte mich entschuldigen, ich hatte sie schon am Abend um Verzeihung gebeten, sie hatte gar nicht hingehört. Jetzt kam ich auch nicht zu Wort, sie begann mich zu beschimpfen und kündigte mir die Freundschaft. Ich konnte es zuletzt nicht mehr anhören und legte auf. Ich schrieb ihr dann noch einen Brief, in dem ich sie bat, wenigstens nicht mehr im Zorn an mich zu denken. Ich bekam keine Antwort.

In der Nacht fragte ich meinen Engel.

»Ich kann niemanden in deiner Nähe dulden, der Schatten wirft.«

»Wieso wirft sie Schatten?«

»Kannst du nicht selbst einmal nachdenken? Was hat dich denn schon immer an ihr gestört?«

»Nun ja, daß sie gelegentlich mit anderen Männern geschlafen hat, sie sagte, ihre Ehe sei nicht glücklich.«

»Und jetzt lebt sie mit einem anderen Mann zusammen, der auch noch verheiratet ist. Wenn jemand das sechste Gebot übertritt, und auch noch behauptet, spirituell zu sein, täglich zu beten, aber Mann und Tochter verläßt, dann ist das Sünde. Und das nenne ich, er wirft Schatten.«

Bei der dritten Geschichte muß ich doch ausführlicher werden, sonst begreift kein Mensch, was wirklich wichtig war.

Im Sommer bekam ich einen Brief von meiner Krankenkasse, daß eine bestimmte Leistung meines Heilpraktikers nicht anerkannt worden war. Die Rechnung an ihn war längst bezahlt, und es war kein sehr hoher Betrag. Dasselbe war schon einmal gewesen, da hatte ich es ihm erzählt und er hatte den Brief haben wollen. Zur Information, wie er sagte. Mein Mann meinte, er wollte diesen Brief wohl auch haben, steckte ihn in einen Umschlag, ich schrieb darauf »nur zur Information« und weil ich nicht in Behandlung war, warf ich den Brief in seinen Briefkasten. Vergaß den Vorfall. Als Weihnachten kam, war ich sehr verwundert, daß kein Weihnachtsgruß kam wie in all den Jahren zuvor. Hat er wohl vergessen, dachte ich. Macht nichts.

Ein halbes Jahr später war die übliche Wirbelsäulenspritzenkur fällig. Er war brummig bis zur Unhöflichkeit. Das verstand ich nicht. Bei der nächsten Behandlung, er war noch unfreundlicher als vorher, fragte ich, was los sei. Er faselte etwas von einem giftigen Brief und verfiel wieder in Schweigen.

»Na, denn nicht, ich kann auch die Klappe halten«, dachte ich. Von nun an ging alles in eisigem Schweigen vonstatten. Um die Stimmung nicht ganz ins Negative abrutschen zu lassen, betete ich während der ganzen Behandlung ununterbrochen das Jesusgebet.

»Jesus Christus, du Sohn Gottes, erbarme dich meiner, Jesus Christus, du Sohn Gottes erbarme dich unser.«

So ertrug ich die Schmerzen und das Schweigen. Immer wieder hatte ich zwischendurch Antaares um Rat gefragt, aber erst nachdem ich das Gebet oft genug gesprochen, vielmehr, gedacht hatte, bekam ich Antwort.

»Nur wer liebt, kann so tief ins Herz getroffen werden!«

Ach du ahnst es nicht, dachte ich, er liebt mich!

»Da kann ich nun wirklich nicht von allein drauf kommen. Ein Mann von vierzig Jahren – Ich fasse es nicht«

»Bilde dir keine Schwachheiten ein, er liebt dich nicht wegen deines Charmes oder deines Aussehens. Es liebt das, was du ausstrahlst durch mich und durch deine Liebe zu Gott. Er liebt das, was in seiner Seele vorgeht, wenn er bei der Behandlung in deine Aura und damit auch mit mir in Berührung kommt.«

Das begriff ich. Er wußte ja nicht, daß ich es nicht als Person war, nach der er sich sehnte, sondern nach meinem Engel. Wenn ich in dem Brief von der Krankenkasse ein paar persönliche Worte geschrieben hätte, oder ihn selbst übergeben hätte, wäre er sich nicht so verlassen vorgekommen. Er aber hatte den Schmerz ein halbes Jahr lang mit sich herumgetragen und nun gewollt, daß ich auch leiden sollte so wie er.

Beim nächsten Mal brach ich das Schweigen und erklärte ihm, daß ich geglaubt habe, er wollte diese Information haben. Es stellte sich dann heraus, daß er den ersten Vorfall völlig vergessen hatte. Als ich ihm dann sagte, ich hätte die ganze Zeit für ihn und mich gebetet, sah er aus, als wollte er in Tränen ausbrechen.

Mein Fazit: Was sind Männer doch für seltsame Wesen!

Auf meine Frage, warum ich diese Geschichte aufschreiben sollte, bekam ich eine Antwort, die mich amüsierte und zeigte, daß auch Engel nicht ganz frei von kleinen Eitelkeiten sind. Er sagte: »Weil ich den Satz, nur wer liebt, kann so tief ins Herz getroffen werden, so schön formuliert habe.«

Zugegeben, er ist schön. Ich hätte das nie so gekonnt.

Energie

Das Gespräch, das ich heute morgen mit Antaares hatte, ist mir eigentlich nur bruchstückhaft in Erinnerung geblieben. Trotzdem muß ich versuchen, etwas Zusammenhängendes zustande zu bringen. Als erstes mußte ich meinen Mann fragen, was der Unterschied zwischen einem Akkumulator und einem Transformator ist. Lachen Sie nicht, beide Worte sind heute morgen bei dem Gespräch gefallen. Falls Sie es nicht genau wissen, ein Akkumulator speichert den Strom und gibt ihn bei Bedarf wieder ab. Ein Transformator wandelt den Strom in eine andere Spannung und gibt ihn permanent wieder ab. Demnach bin ich eine Kreuzung zwischen den beiden. Antaares hatte gesagt, ich sei die Energiequelle dieser Stadt (vergl. Gespräche mit meinem Engel). Aber immer wieder kommt mir der Gedanke, wieso ich? Ich bin mir selbst immer ein bißchen wie ein Weichei vorgekommen, weil ich nie in der Lage war, mich gegen etwas zur Wehr zu setzen. Lieber verkroch ich mich und heulte vor mich hin. Der Witz aber war der, daß mich alle Menschen für ungeheuer energisch hielten und sogar Angst vor mir hatten. Einmal setzte sich ein Medium zu mir an den Tisch, es war bei einer Autogrammstunde. Auf meine Frage, was ich für sie tun könnte – sie hielt kein Buch in der Hand – sagte sie: »Gar nichts, ich möchte Sie ansehen.«

Dann sagte sie etwas Ungewöhnliches: »Ich sehe Folter und Schmerz in der Vergangenheit.«

Ob das Wort Feuer gefallen ist, weiß ich nicht mehr.

»In diesem Leben wird man mich sicher nicht foltern«, sagte ich.

»Es ist richtig, daß Sie unter einem Pseudonym schreiben, Sie werden diesen Schutz aber nicht für immer brauchen.«

Sie nannte sogar den genauen Zeitpunkt.

Das alles hatte mich etwas verwirrt, und wenn Sie es jetzt auch sind, weil ich immer noch nicht zum Kern der Sache komme, liegt das daran, daß Antaares mir nicht hilft beim Schreiben.

»Sicher will ich dir helfen, aber du willst mit aller Gewalt nicht mit der Sprache herausrücken. Es ist dir wieder mal viel zu suspekt. Du willst es nicht wahr haben, du glaubst es selbst nicht!«

Da hatte er mich erwischt. Recht hatte er. Erinnern Sie sich an das Kapitel Johanna von Orleans? Ich hatte an ihrer Richtstätte gelehnt und war schreiend davon gelaufen. Antaares hatte es damit erklärt, es sei die Akasha-Chronik, die auch den Steinen ein Gedächtnis verleihe.

Etwa ein Jahr später guckte jemand, der das Buch gelesen hatte, mich mit schiefgelegtem Kopf an und meinte, ich sei es wohl selbst gewesen, die da in einem anderen Leben die Johanna gewesen sei.

Ich erklärte diesen Menschen für verrückt und vergaß die ganze Sache. Bis diese Seherin kam und mir von Folter und Ähnlichen erzählte. Ich fragte meinen Engel, er habe mir doch etwas anderes erzählt.

»Ich glaube, wenn ich damals gesagt hätte, du seiest es gewesen, du hättest nie mehr mit mir gesprochen, und mir nie wieder ein Wort geglaubt. Das ist nur zu verständlich. Du willst es jetzt ja auch nicht wahr haben!«

Auch das stimmte.

»Nun denk doch mal ganz ruhig nach. Die Energie, die jetzt hier wirkt, wirkte damals auf einen König und ein ganzes Heer. Nur durch ihre Stärke konnte der Sieg errungen werden. Die ganze Energie bündelt sich in der Person, die Transformator und Akkumulator in sich vereint. Du hast sie von Anbeginn gehabt und sie wird immer anders oder woanders eingesetzt. Daher auch das Unbehagen, das Menschen in deiner Gegenwart empfinden. Die wenigsten können solche Kräfte aushalten.«

Da hatte ich es mal wieder. Nur wußte ich vorher nicht, daß es immer so gewesen ist – »Und immer so sein wird«, sagte mein Engel.

Und damit muß ich mich wohl abfinden. Aber daß ich es gut finde, kann ich wirklich nicht behaupten.

Grünspan

Es hatte wirklich und wahrhaftig zu Weihnachten geschneit! Pünktlich am Heiligen Abend beim Anzünden der Kerzen am Christbaum, fielen die ersten Flocken. Meine Freude war riesengroß und ich zog mir begeistert die Seehundstiefel aus Val d'Isére an. Jahrelang hatten sie ja mangels Schnee in der hintersten Schrankecke verbracht. Der Wald war traumhaft schön. Es war nicht windig gewesen, so daß aller Schnee auf den Bäumen liegengeblieben war. Die Sonne schien, und ich kam mir vor wie in einem Kristallpalast. Kristallpalast!! Ich blieb wie angewurzelt stehen, als mir dieses Wort durch den Kopf schoß. Ich dachte an eine Nacht vor vielleicht fünfundzwanzig Jahren. Ich stand an dem gleichen Baum. Alles schien sich erst gestern abgespielt zu haben, obwohl ich so gut wie nie mehr daran gedacht hatte.

»Du könntest es jetzt aufschreiben.«

Natürlich, mein Engel!

Weder hatte ich im Augenblick Lust, mich zu unterhalten, noch wollte ich über eine Geschichte nachdenken, deren Sinn mir immer ein Rätsel geblieben war. Ich wollte nur spazieren gehen und mich an der Schönheit des Waldes freuen.

»Lieber Antaares«, sagte ich höflich, man soll auch seinen Unwillen in zivilisierter Form kundtun, »solange ich keine Erklärung für diese Ungeheuerlichkeit, die damals passiert ist, habe, ist es eine Geschichte ohne Pointe, das geht nicht. Und außerdem, wo soll ich da anfangen? Wenn ich alles von Anfang an detailgetreu berichten muß, wird das fast ein Roman. Ich wüßte ja nicht einmal mehr, wo ich anfangen sollte.«

»Daß du aus Faulheit gerne nur kurze Geschichten schreibst, weiß ich. Aber du wirst dich dieses Mal nicht davor drücken können.«

»Nur, wenn du mir die gewünschte Erklärung gibst, sonst nicht.«

Innerlich grinste ich, wahrscheinlich wußte es nicht einmal mein Engel. Glaubte ich, aber nur für einen kurzen Moment, dann gab er mir die Erklärung. Ich war so von den Socken, daß ich kleinlaut versprach, alles zu tun, was er wollte. So sitze ich also brav am PC und versuche, diese uralte Geschichte von Anfang an chronologisch auf die Reihe zu bringen. Es wird nicht einfach sein!

Vor ungefähr dreißig Jahren fing es an! (Man stelle sich vor, in was für Abgründe meines Gedächtnisses ich mich begeben muß, schauderhaft!) Damals quälte ich mich ständig mit der Frage, ob ich die Aufgabe, die mir in diesem Leben gestellt worden ist, erfüllt habe oder ob ich daran vorbeilebe. Wird es mir gehen wie dem Knecht, der mit dem Pfund, das ihm sein Herr anvertraut hatte, um es zu vermehren, nichts anfangen konnte? (Lk 19,13-24)

Ich fragte, ich las, ich grübelte und betete. Nirgendwo bekam ich eine Antwort. Bis ich eines Tages sozusagen über eine Mutter meiner Schülerin stolperte, die auf den Unterrichtsschluß wartete und ein Buch über I-Ging las. Wie ein Geier schoß ich auf sie und ihr Buch los.

»Kann mir so ein Buch helfen, eine Antwort auf meine Lebensfragen zu finden?«

Sie meinte, das sei wohl möglich. Wir redeten, redeten und redeten. Zum Schluß umarmten wir uns, jede war glücklich, eine gleichgestimmte Seele gefunden zu haben.

Es begann eine wunderbare Zeit. Über alles konnte ich mit Barbara reden und wir schwebten ständig in irgendwelchen höheren Regionen. Nach einer Weile kam noch eine dritte dazu, und ich sehe die Gästebucheintragung: Meine beiden geliebten Lehrerinnen zum Kaffee bei mir, ich bin sehr glücklich. Und auch was beide mir hineinschrieben, war schön und liebevoll. Es war auf einmal gar nicht mehr so wichtig, Antwort auf meine Frage zu finden. Wichtig war, zu lernen, zuzuhören und wenn ich eine Geschichte oder ein

Gedicht geschrieben hatte, ihr Urteil zu hören. Eines Tages redeten wir über Tarot. Beide waren der Meinung, da könnte man wirklich etwas über sich erfahren. So saßen wir eines schönen Tages zu viert, mein Mann war auch mitgekommen, mit einer Tarotexpertin zusammen.

Ich besaß eine wunderschöne, fast knielange, weiße Wolljacke mit einer Kapuze. Wenn Sie, lieber Leser, sich jetzt wundern, warum ich plötzlich eine Wolljacke beschreibe, so lassen Sie sich gesagt sein, daß diese Jacke im Laufe der Geschichte eine Hauptrolle spielen wird. Ich habe auch gleich gesagt, daß es schwierig wird, Dinge, die zu gleicher Zeit geschehen sind, nach so langer Weile noch genau zu schildern. Haben Sie Geduld, ich muß sie auch haben.

Ehe wir zu der Kartenlegerin gingen, besah ich mir besagte Jacke und fand, daß sie in die Reinigung mußte. Weiß ist ja nun mal empfindlich. Sie war gerade an dem Tag fertig, an dem wir den Termin hatten. Dort angekommen, nahm man uns die Mäntel ab und deponierte alles sorgfältig an der Garderobe.

Ich kam als erste dran und war gespannt wie ein Flitzebogen. Von der langen Rede, die mir die Dame dann hielt, verstand ich kaum die Hälfte. Was mir in Erinnerung blieb, waren folgende Worte: »Sie stehen unter einem sehr hellen Licht, Ihre Aufgabe ist es, dies Licht an andere Menschen weiter zu geben, aber Sie schlucken das ganze Licht und behalten alles für sich.«

Ich habe ein sehr dummes Gesicht gemacht, das weiß ich noch. Erstens wußte ich nichts von einem Licht über mir, und wenn eins da war, hatte ich keine Ahnung, wie ich es weitergeben sollte.

Als ich mein erstes Engelbuch schrieb, dachte ich überhaupt nicht mehr an diese Worte, es waren ja fast fünfundzwanzig Jahre vergangen. Heute ist mir klar, was damit gemeint war.

Als nächster kam mein Mann. Es dauerte kaum fünf Minuten, da war schon alles, beziehungsweise gar nichts gelaufen.

»Ich kann Ihnen nicht die Karten legen, Sie sind ja gar nicht da!«

Die Dame sah so verwirrt aus, daß wir glauben mußten, was sie sagte. Was dann folgte, war ein Schock für mich. Meine beiden Freundinnen fielen unisono über mich her, ich hätte die Persönlichkeit meines Mannes mit meiner Herrschsucht und Dominanz total kaputt gemacht. Anders sei dies »Nichtvorhandensein« nicht zu erklären.

Und jetzt bin ich in einer Zwickmühle. Soll ich erst erzählen, wie es weitergeht, oder soll ich erst erklären, was es mit dem »Nichtvorhandensein« auf sich hat? Diese Erklärung kam aber erst fünfundzwanzig Jahre später. Ich glaube, ich lasse Sie erst noch einmal zappeln und es geht in der Geschichte weiter.

Wir fuhren nach Hause und ich hängte meine weiße Jacke sorgfältig über einen Bügel. In der folgenden Nacht hatte ich einen Traum. An meinem Bett stand eine weißgekleidete Gestalt und bedeutete mir, ihr zu folgen. Obwohl ich damals nie an Engel gedacht, geschweige denn mit ihnen gesprochen hätte, wußte ich sofort, daß es ein Engel war. Gleich hinter unserem Haus geht es ziemlich steil bergauf in den Wald. Ich folgte dem Engel auf dem mir wohlbekannten Weg aufwärts. Plötzlich verschwand er, und am Nachthimmel erschien ein Licht. Hell wie die Sonne, aber man konnte hineinsehen, ohne daß man geblendet wurde. Ich blieb stehen, lehnte mich mit dem Rücken an einen Baum und sah mich um. Der Wald war völlig verwandelt. Jeder Baum war durchsichtig wie Kristall und leuchtete auch so in diesem wunderbaren Licht. Ich sah, wie in den Stämmen das Leben pulsierte, auf- und absteigend. Nie wollte ich von hier fortgehen. Aber dann war der Engel wieder da und gab mir zu verstehen, daß ich weitergehen mußte. Auf der Höhe angekommen sah ich, daß auf dem Weg hinunter hoch Schnee lag. Fragend sah ich den Engel an, meinend, da könnte ich doch nicht durchgehen. Er nickte mir zu und wies nach unten. Ich ging durch den Schnee, der mir bis zur Brust reichte, aber ich fühlte ihn nicht. Es war ein wunderbares Hindurchgleiten, fast ein Schweben. Die Freude, die ich dabei empfand, ist nicht zu beschreiben. Dann war ich unten und stand vor einem Haus. Ich ging hinein. Da stand ein einzelnes Bett in einem großen, sonst leeren Raum. Im Bett lag mein ehemaliger Verlobter und streckte hilfeflehend die Arme nach mir aus. Aber ich ging nicht zu ihm, ich tröstete ihn nicht, ich stand nur da und sah ihn an.

Und dann wurde ich wach.

Bis heute begreife ich nicht, wie es mir möglich war, einem Kranken die Hilfe zu verweigern. Als ich meinen Exverlobten ein Jahr später zufällig wiedertraf, fragte ich ihn, ob er zu dem Zeitpunkt in Lebensgefahr gewesen sei. Er sah mich seltsam an und nickte. Als ob er gewußt hätte, was geschehen war.

Am nächsten Morgen erzählte ich meinem Mann von dem seltsamen Traum, er verstand ihn auch nicht.

Ich fuhr in die Stadt zum Einkaufen. Als ich in der Schlange im Supermarkt an der Kasse stand, tippte eine Frau mir auf die Schulter. Ich drehte mich um. »Entschuldigen Sie«, sagte die Frau etwas verlegen, »wissen Sie, daß Ihre schöne weiße Jacke ganz voll Grünspan ist?«

»Unmöglich«, entfuhr es mir, »die habe ich gestern aus der Reinigung geholt!«

»Gucken Sie nach, es ist wahr.«

Kaum war ich an der Kasse fertig, rupfte ich mir ungeduldig die Jacke herunter – ich glaube, ich bin blaß geworden. Ich fühlte den Baum im Rücken, an den ich mich in der Nacht gelehnt hatte. Genau an der Stelle war die Jacke grün.

Ich weiß nicht, wie ich nach Hause gekommen bin, ich war völlig durcheinander.

Fünfundzwanzig Jahre lang hatte ich keine Erklärung für diesen, wie ich fand, Blödsinn. Und nun verlangte mein Engel, ich sollte die Geschichte aufschreiben. Wie kann ich das, ohne die Leser aufklären zu können. Darum habe ich zur Bedingung gemacht, erst die Lösung, dann schreiben.

»Ist doch ganz einfach«; hatte er gesagt, »du hast sie angehabt!«

»Quatsch, du kannst mich nicht so verar –«, beinah hätte ich das Wort wirklich gesagt, machte dann aber schnell ein »veralbern« daraus.

»Denk doch mal nach, du bist gewöhnt, etwas anzuziehen, wenn du nach draußen gehst, du hast ganz einfach die Astralform deiner Jacke angehabt, und du müßtest inzwischen wirklich wissen, wie stark astrale Kräfte in die Materie hineinwirken können. Und in dieser Nacht waren außerordentliche Kräfte am Werk.«

Ich hätte mich nicht gewundert, wenn der Grünspan nicht wieder herausgegangen wäre. Der Mensch in der Reinigung guckte etwas »unegal«, als ich am nächsten Tag wieder mit der Jacke erschien, er sagte aber nichts. Wenn Sie nun meinen, ich hätte dieses Stück sozusagen als Reliquie aufheben sollen, so muß ich dazu sagen, daß mir das nicht möglich war. Es ging uns finanziell damals nicht gut und besagte Jacke war das einzige warme Kleidungsstück, das ich besaß. Ich trug sie, bis sie fast auseinander fiel.

Was die Frage meiner Lebensaufgabe war, war ich nun immer noch genauso schlau, beziehungsweise so dumm wie vorher. Barbara erbarmte sich. »Vielleicht kann ich es aus deinem Horoskop ersehen, ich werde es versuchen.«

Eines schönen Tages rief sie mich an: »Ich glaube, ich habe etwas für dich gefunden, hör' mal zu: Dir, Fische, gebe ich …«

»Halt«, unterbrach ich sie. »Ich bin nicht Fisch, ich bin Jungfrau.«

»Unterbrich mich nicht, das weiß ich doch, aber du hast eine besondere Konstellation mit den Fischen im Mondknoten«. Dann folgte eine längere Abhandlung über diese »besondere Konstellation,« von der ich, von keinerlei Sachkenntnis getrübt, kein Wort verstand.

»Das macht nichts, aber hör' mir jetzt bitte genau zu:
Dir, Fische, gebe ich die schwierigste Aufgabe von allen. Du sollst die Sorgen aller Menschen sammeln und sie mir zurückgeben.

Deine Tränen werden schließlich meine Tränen sein.

Das Leid, das du auf dich nimmst, ist die Folge des menschlichen Mißverstehens meiner Idee, doch du sollst Erbarmen mit ihnen haben, daß sie es noch einmal versuchen können.

Für diese schwierige Aufgabe erhältst du das größte Geschenk von allen. Du wirst das einzige meiner zwölf Kinder sein, das mich versteht.

Doch diese Gabe gehört dir allein, wenn du versuchst, sie mit jemanden zu teilen, wird man dir nicht zuhören.
Kannst du damit etwas anfangen?«

Noch während sie sprach, liefen mir schon die Tränen übers Gesicht. Wenn das meine Aufgabe war, dann erschien sie mir undurchführbar.

Heute, viele Jahre später, weiß ich, wie es gemeint ist, und ich glaube, etwas davon schon verwirklicht zu haben. Aber das wissen nur die Menschen, deren Leid ich wirklich mitgetragen und vor Gott gebracht habe.

Seltsamerweise kühlte sich von da an die Beziehung zwischen mir und Barbara ab. Und eines Tages kündigte sie mir die Freundschaft mit sehr harten Worten. Ich verstand das nicht, denn einen Grund gab sie nicht an. Erst war ich wütend und verbittert, dann traurig. Ich versuchte, mit ihr zu sprechen, sie drehte sich um und ging – nein lief beinah weg.

»Nun erzähl' mir nicht, daß du nicht weißt, warum sie das tut«. Ich weiß nicht, warum man immer so unbarmherzig mit der Nase auf etwas gestoßen wird, was man nicht wahrhaben will. Mein Engel fühlte mir wieder richtig ›auf den Zahn‹, Nein, ich hatte es wirklich nicht wahrhaben wollen. In der letzten Zeit waren mir einige Dinge bei ihr ›sauer aufgestoßen‹, ich hatte das immer erfolgreich (wie ich glaubte) verdrängt.

»Sie war in Wirklichkeit nur dazu da, dir den Weg zu weisen, daß du ein Buch schreiben solltest. Und sie sollte in Worte fassen, was deine Aufgabe ist. Sie hat die ihr von uns übertragene Aufgabe gelöst, du deine auch. Jetzt muß jeder von euch wieder seinen eigenen Weg gehen, dazu war der dümmste Anlaß gut genug.«

»Sicher hast du recht, aber ich vermisse sie sehr, ich hätte noch so vieles mit ihr besprechen mögen und die Freude über mein Engelbuch mit ihr teilen.«

»Sie hätte sie nicht aus vollem Herzen geteilt, sie wäre wahrscheinlich neidisch geworden, das liegt etwas in ihrer Natur. Und das hätte dir mehr weh getan, als der Zustand jetzt. Und jetzt hör auf, darüber zu meckern, du weißt genau, es geschieht nur das, was richtig ist!«

Liebe Leser, wenn Sie nun glauben, diese elend lange Geschichte sei zu Ende, dann liegen Sie falsch. Zwei Dinge müssen noch geklärt werden. Der Traum von meinem Exverlobten und das »Nichtvorhandensein« meines Mannes bei der Tarotkartenlegerin. Der Traum war prophetischer Natur. Denn als mein »Ex« im Sterben lag und mich gerne noch einmal gesehen hätte, hatte er keine Möglichkeit, mich zu benachrichtigen. Er starb in einem Altersheim. Ich erfuhr es erst ein Jahr später. Heute pflege ich sein Grab, denn von seiner Familie tut es niemand.

Wenn Sie bisher das Gefühl hatten, alles was ich schreibe, ist die reine Wahrheit, dann könnte dies jetzt ins Wanken kommen. Ich versichere aber, daß, sollte ich je eine Unwahrheit schreiben, meine Nachtruhe so nachhaltig gestört würde, daß ich gar nicht erst ins Bett zu gehen brauchte.

Eines Tages, ungefähr vor einem halben Jahr, kam ich auf die Idee, meinen Engel zu fragen, wie eigentlich der Engel von meinem Mann heißt. Noch während ich fragte, wunderte ich mich, warum ich das nicht schon längst gefragt hatte. Ich bekam keine Antwort. Aber das schreckt mich ja inzwischen nicht mehr ab, ich löchere meinen Engel so lange, bis er mir sagt, was ich wissen will. So auch jetzt. Irgendwann kam dann die Antwort: »Dein Mann hat keinen Engel.«

»Waaas? Das gibt's doch nicht. Warum erschrickst du mich so?«

Es kam der gleiche Satz, nur mit anderer Betonung: »Heinz hat keinen Engel.«

Was da in mir vorging, ist nicht zu beschreiben, ich setzte ein anderes Wort ein: »Heinz ist ein Engel!«

Antwort, kurz und knapp: »Ja!«

Da war erst einmal eine Weile in meinem Kopf gar nichts. Leer – um nicht zu sagen, ein totales Vakuum! Gaaanz langsam kam mein Gehirn wieder in Gang. Und dann fielen mir aus der Vergangenheit einige Dinge ein, um die ich ein wenig »drum herum« gedacht hatte, weil sie mir so unverständlich waren. Eine Sache will ich erzählen.

Ich war früher etwas unbeherrscht – Zwischenruf: »Sag' doch gleich, du warst unausstehlich und jähzornig!«

»Oh, bitte, ich geb's ja zu, wollte es aber nicht hart formulieren.«

»Du wolltest es verharmlosen, ich denke, du bist so wahrheitsliebend.«

»Kann ich jetzt weiterschreiben oder fährst du mir noch einmal in die Parade?«

»Solange du alles korrekt schreibst, sage ich keinen Pieps.«

Ich hatte mich unbeschreiblich geärgert. Kam in mein Zimmer, in dem mein Freund wartete. Ich riß die Tür auf und pfefferte fluchend eine Kristallvase auf den Boden. Noch während ich das tat, schoß mir durch den Kopf: So, jetzt sieht er erst mal, was er sich da einhandeln will. Wetten, daß er mich jetzt anbrüllt? Soll er nur versuchen!

Er brüllte nicht. Ich war barfuß und er sagte ganz leise und lieb: »Bitte Liebes, geh nicht weiter, bleib da stehen, bis ich die Scherben aufgesucht habe, sonst schneidest du dir in die Füße.«

Ich brach in Tränen aus. Das war mein letzter Wutanfall, und damit hatte er mich. Dann bestimmte Äußerungen. Zum Beispiel an den Tagen als das Hochwasser kam. Als ich Zweifel äußerte, daß die Deiche halten würden, sagte er knapp und bestimmt: »Wer für Israel das Meer teilen konnte, kann auch die Deiche halten.« Sie hielten! Lustig war es, als ich das Wort »Engelkonferenz« in einem anderen Zusammenhang aussprach. Er schoß wie eine Rakete vom Sofa hoch: »Engelkonferenz? Wann? Wo? Warum? Krieg' ich 'ne Einladung?«

Das war als Scherz gedacht, aber die Plötzlichkeit und der Eifer, womit er reagierte, er, ein Mann, der sonst absolut nicht aus der Ruhe zu bringen ist, hatte mich doch sehr erstaunt. Je länger ich nachdachte, um so wahrscheinlicher erschien es mir, daß Antaares die Wahrheit gesagt hatte. Außerdem dürfen Engel nicht lügen.

»Weiß er es?« fragte ich.

»Nein, er fühlt etwas, weiß aber nicht, was es ist.«

»Darf ich es ihm sagen?«

»Als ob du das überhaupt für dich behalten könntest, ja sicher kannst du es ihm sagen. Ob er es glaubt, ist eine andere Sache.«

Ich erzählte es ihm. Beobachtete gespannt sein Gesicht. Keine Überraschung war darin zu lesen, ein leises Lächeln, vielleicht so wie eine Mutter lächelt, wenn ihr Kleines Unsinn plappert, sie aber so tut, als nehme sie alles für bare Münze.

»Du glaubst mir nicht?«

»Ich weiß es nicht, ich werde darüber nachdenken.«

Und das war es! Mehr habe ich seitdem nicht aus ihm herausgekriegt. Höchstens daß ich feststelle, daß er ein wirklich engelhaftes Lächeln hat neuerdings. Das fanden auch andere Leute, die es sahen.

Damit wäre sein Nichtvorhandensein bei der Tarotkartenlegerin erklärt. Denn einem Engel kann man ja nicht die Karten legen, und daß da nur äußerlich ein Mensch sitzt – wer kann das ahnen.

Damit ist diese endlos lange Geschichte doch fertig geworden. Immer, wenn ich dachte, nun ist's genug, kam noch etwas dazu. Jetzt tief durchatmen, Antaares fragen. »Alles o.k.?« Und bei Zustimmung, Text speichern und Schluß! Puuhh!

Wer ist sie?

Ich lag im Bett und grübelte. Wer war diese Frau, die mir im Wesen und Schicksal so ähnlich war? Ich habe schon von ihrem Leserbrief berichtet, über den ich mich so amüsiert hatte. Inzwischen gehen beinah täglich Faxe zwischen uns hin und her, es wird stundenlang telefoniert und sie geht mir einfach nicht mehr aus dem Kopf.

»Antaares, erzähl mal, was hat es damit auf sich? Wieso sieht sie auf meinem Foto Kraftfelder? Die sehe ich ja nicht mal. Warum hat sie die gleichen Rückenprobleme wie ich? Warum lachen wir über die gleichen Sachen und reden den gleichen Blödsinn?«

»Sie sieht die Kraftfelder nicht, sie fühlt sie. Es sind die Schwingungen zwischen dir und mir. Die sind natürlich im Laufe der Jahre immer stärker geworden. Für jemand, der dir sehr nahe steht, sind sie eben spürbar.«

»Du sagst, sie steht mir sehr nahe, wer ist sie, wo waren wir schon zusammen?«

Als die Antwort kam, konnte ich nur ein halb ersticktes »O« herausbringen. Ich zog mir die Decke über den Kopf und machte mich unwillkürlich ganz klein. Das sollte wahr sein, das sollte ich schreiben? Von allen unmöglichen und idiotischen Dingen, die ich bisher schreiben mußte, ist dies ja wohl der Gipfel! Da staunen Sie, was? Glauben Sie nur nicht, daß ich alles freiwillig geschrieben habe. Vieles hätte ich viel lieber für mich behalten. Und ob ich diese Information wirklich veröffentlichen werde, ist noch gar nicht sicher. Da muß mein Engel schon sehr schwere Geschütze auffahren. Aber vielleicht segne ich ja vorher das Zeitliche, dann kann es mir ja egal sein.

Also, Katharina ist meine Dualseele, wissen Sie, das Stück, das zu mir gehört von Ewigkeit zu Ewigkeit. Mein Mann, von dem ich lange Zeit geglaubt habe, er sei es, ist ein Engel, den man mir zur Erfüllung meiner Aufgabe zur Seite gestellt hat. Ohne ihn wäre keine einzige Zeile von mir an die Öffentlichkeit gelangt, ohne Computerexperten, der mir immer wieder mit Lamms – nein Engelsgeduld ist passender – erklärt, wie ich den PC behandeln muß, aber lassen wir das, Fakt ist, daß ich wohl auch am Leben gescheitert wäre ohne ihn.

In einem anderen Kapitel hatte Antaares mir erklärt, daß ich früher die Johanna von Orleans verkörpert hatte. Auf meine vorsichtige Frage, wer Katharina damals war, was glauben Sie?

Der französische König.

Da ging mir denn doch »der Draht aus der Mütze«.

»Das ist mir zuviel, ich hab' die Schnauze voll. Will man mich verar – ach, das Wort darf ich ja sicher nicht schreiben, na gut, veralbern. Ich jedoch fände verarschen viel passender.«

Antaares sagte nichts mehr, ich schlief trotz meines etwas verstörten Gemütes schnell ein. Kaum hatte ich am anderen Morgen die Augen aufgemacht, fiel mir alles wieder ein. Mit den Gedanken völlig woanders, füllte ich die Kaffeemaschine mit Kaffeepulver und Wasser, stellte sie an und begab mich ins Bad. Als ich nach erfolgter Badezimmer- Zeremonie wieder in die Küche kam, hing der Filter neben der Kanne, alles war naß, ein Teil vom Wasser war in die Kanne gedröppelt. Mein Mann lachte sich kaputt, als er mein Gesicht sah, füllte frisches Wasser ein, während ich völlig verstört ob meiner Dusseligkeit, den Tisch und den Herd trockenwischte.

Wenn ich mir meine bisherigen Texte ansehe, war ja schon vieles unglaubwürdig in den Augen der meisten Menschen, nur jemand, der wirklich an seinen Schutzengel glaubt, kann meine Bücher lesen, ohne mich für verrückt zu halten. Aber dies ist mir jetzt doch reichlich suspekt. Ich weiß noch nicht, was ich damit anfangen soll. Allein die Vorstellung, in meiner Heimatstadt könnte etwas davon durchsickern, treibt mir den Angstschweiß auf die Stirn. Daß vielleicht beim Stadtfest, wenn ich fröhlich meine Bierchen zischen will, mich jemand anpflaumt: »Na, Johanna, heute kein Schwert dabei?«

Der Mensch bekäme garantiert mein Bier über den Anzug. Ach, Antaares, was hast du mir da angetan!!

Der Pfeil

Da hatten mir nun ein paar Leute, unter anderem sogar eine Art Seherin, einzureden versucht, ich hätte damals die Jungfrau von Orleans verkörpert. Dann wollte auch noch Antaares mich überzeugen. Ich fand das Ganze etwas hirnverbrannt und zweifelte sogar an den Worten meines Engels. Das heißt, ich glaubte, daß es gar nicht Antaares war, der zu mir gesprochen hatte, sondern irgendein Neckgeist, der mich auf die Schüppe nehmen wollte.

Ein paar Wochen später kam im Fernsehen er Film »Johanna von Orleans«. Mein Mann zeichnete ihn auf, und ich schlich eine Zeitlang etwas ängstlich um das Videoband herum. Schließlich gab ich mir einen Ruck und sagte mir, einmal muß es ja doch sein.

Allerdings mit sehr mulmigem Gefühl. Während des Films, es war nur der erste Teil, wollte mein Mann mehrmals abbrechen, weil ich mir bei jeder Szene, in der ihr Schutzgeist auftauchte, die Seele aus dem Leibe heulte.

»Ich kann das nicht ertragen, wenn du so traurig bist, ich muß ausmachen«, sagte er.

»Nein, nein, ich will das weiter sehen, ich bin auch überhaupt nicht traurig, es heult von ganz alleine, so aus dem Bauch heraus.«

Am Ende des Films wurde Johanna von einem Pfeil in die Schulter getroffen, läßt den Pfeil abbrechen und reitet in die Schlacht.

So weit, so gut. Ich hörte auf zu heulen, und wir gingen schlafen. Ich schlief sehr gut, hatte keine wie immer gearteten Alp- oder sonstigen Träume.

Am nächsten Morgen um sechs Uhr setzten wir uns wie üblich zur Meditation. Ich hatte vielleicht fünf Minuten meditiert, als mir ein stechender Schmerz in die Schulter fuhr. Zog sich den Arm hinunter und über den Rücken.

So'n Mist, dachte ich, wo habe ich mir heute morgen schon einen Wirbel verrenkt? Dann ging ich dem Schmerz nach und stellte zu meinem Entsetzen fest, daß es genau die Stelle war, wo Johanna von dem Pfeil getroffen worden war.

Ach du Sch... fuhr es mir heraus. Mein Mann öffnete ein Auge und sah mich tadelnd an.

Als die Meditationszeit um war, war der Schmerz vorbei. Ich fing an zu grübeln. Wenn ich mal Zugluft abgekriegt hatte, bei der Gymnastik zuviel geübt oder falsch gelegen hatte, immer war es diese Stelle gewesen, die am meisten weh getan hatte.

Dabei war ich mir nicht einmal sicher, ob es den Pfeilschuß wirklich gegeben hatte, oder ob es eine Idee von dem Regisseur gewesen war. Augenzeugen gab es ja wohl keine mehr. Oder war das überliefert?

»Wenn du mir nicht glaubst, werden eben härtere Seiten aufgezogen, sie hat einen Pfeilschuß bekommen. Du solltest dich damit abfinden.«

In Ordnung, ich finde mich damit ab. Aber es beeindruckt mich nicht so sehr, daß es für mein jetziges Leben eine Bedeutung hat. Es sind über sechshundert Jahre her, und ob in China ein Sack Reis umfällt oder ich die Johanna war, hat für mich den gleichen Stellenwert. Ich weiß auch wirklich nicht, warum man mir das unter die Nase reibt. Ich werde einfach nicht mehr daran denken. Punktum!!!

Ein paar Tage später telefonierte ich mit meinem »Gegenstück«, die damals den König Karl verkörpert haben sollte. Das Entsetzen, wie dieser Mensch sich Johanna gegenüber verhalten hatte, den Ekel, den sie empfunden hatte, daß sie es gewesen sein sollte, das alles hatte sie noch nicht richtig abgeschüttelt. Ich berichtete ihr, was mir in der Meditation passiert war.

»Guck dir bloß nicht den zweiten Teil ein an, das hältst du nicht aus. Vor allen Dingen dieses Verhör durch die Kirche, es ist einfach zum Kotzen!«

Da mein Mann vorsorglich den zweiten Teil schon überspielt hatte, konnte ich das sowieso nicht. Außerdem hatte ich absolut kein Verlangen, noch einmal den Feuertod zu erleben.

Als mich Beate besuchte, erzählte ich ihr auch die ganze Geschichte. Sie sah mich nachdenklich an. »Jetzt verstehe ich manches, was ich vorher nicht so recht bei dir einordnen konnte.«

»Was meinst du damit?« Ich war etwas verdutzt.

»Zum Beispiel, daß du eine solche Abneigung gegen alles Englische hast. Du wolltest ja nicht einmal meine schöne CD haben, die ich dir mitgebracht habe, nur weil englisch darauf gesungen ist.«

»Meinst du, das ist noch von damals? Ich habe immer geglaubt, das wäre aus der Kriegszeit, wo die Tiefflieger uns Kinder mit Bordmunition beschossen haben. Auf Kinder!!«

Ich sah mich einen Moment lang wieder barfuß über ein Stoppelfeld rennen, (piekt ganz scheußlich) in einer Kornhocke Schutz suchen und sah die Maschinen heranrasen.

»Das ist sechzig Jahre her, das glaubst du doch selber nicht.«

»Wahrscheinlich kommt alles zusammen«, sagte ich resigniert. »Ich kriege das doch nie mehr raus. Soll ich wohl jetzt lernen, dies Volk zu lieben? So alt werde ich nicht.«

»Weiterhin dein Mißtrauen gegen die katholische Kirche«, fuhr Beate unbarmherzig fort, »vor allem gegen ihre höheren Würdenträger.«

Sie spielte damit auf meinen Spruch an, den ich von mir gebe, wenn man mich nach meinem Verhältnis zur Kirche fragt: »Mit dem lieben Gott kommt man gut aus, aber sein Bodenpersonal... oh weh!«

»Du nimmst sonst alles so gelassen auf, besprichst es mit Antaares und dann ist es gut. Aber England und die katholische

Kirche rufen bei dir so wütende Reaktionen hervor, das ist einfach nicht normal.«

»Weißt du was«, sagte ich traurig, »ich bin auch nicht normal.«

Buch Mose

Ich habe viel in der Bibel gelesen. Allerdings nur im Neuen Testament. Vor einer Weile nahm ich mir das Alte Testament vor. Das Entsetzen, das mich beim Lesen befiel, habe ich in folgende Worte gefaßt:

O HERR, Du bist das Gesetz, Du bist die Liebe!

O HERR, kannst Du denn Dein eigenes Gesetz brechen? Kannst Du denn die Liebe verleugnen?

O HERR, Du gabst uns die zehn Gebote, zu lesen im zweiten Buch Mose, Kapitel 20, Vers 1 bis 17. Dein fünftes Gebot lautet: Du sollst nicht töten!

O HERR, und dann aber steht geschrieben auch im zweiten Buch Mose: Kapitel 32, Vers 27 und 28: So spricht der Herr, der Gott Israels: Ein jeder gürte sein Schwert um die Lenden und gehe durch das Lager hin und her von einem Tor zum anderen und erschlage seinen Bruder, Freund, Nächsten. Die Söhne Levi taten, wie ihnen Mose gesagt hatte; und es fielen an diesem Tag vom Volk dreitausend Mann.

O HERR, es steht geschrieben im vierten Buch Mose, Kapitel 15 Vers 35: Der Herr aber sprach zu Mose: Der Mann soll des Todes sterben. Die ganze Gemeinde soll ihn steinigen draußen vor dem Lager.

O HERR, sagtest Du das wirklich? Brachst Du Dein eigenes Gebot?

O HERR, hast Du wirklich Abraham versucht, indem Du ihm befahlst, seinen Sohn Dir zu opfern?

Dann, O HERR, hättest Du die Liebe verleugnet und damit Dich selbst.

O HERR, Du gebietest über das Universum, Du kennst jedes Sandkorn in den Wüsten, Du hast den Weg der Sterne in allen Galaxien bestimmt, Du liebst Deine Kinder, eine jede Seele ist vor Dir gleich. Wie solltest Du ein Volk mehr lieben als ein anderes? Niemals werde ich glauben, daß Du ein ungerechter Vater bist. Niemals werde ich glauben, daß Du Befehl zum Töten eines Nächsten gegeben hast, Du, Dessen Sohn gesagt hat, liebe deinen Nächsten wie dich selbst.

Der Gott der Israeliten ist nicht mein Gott, kann es nicht sein. Ich glaube an Deine unwandelbare Liebe zu allen Geschöpfen Deines Universums. Und nicht an einen zornigen, strafenden, rächenden Gott. Dies alles sind Attribute der Menschheit, niemals die Deinen.

Ich weiß, wir alle sind geborgen in Deiner Liebe, was immer wir auch tun.

Und nun frage ich Dich, O HERR, wer war es, der Deinen Namen mißbraucht hat und den Befehl zum Töten gab und noch gibt?

Johann Sebastian Bach

Samstagmorgen. Der Radiowecker begrüßte mich mit irgend etwas von Johann Sebastian Bach. Ich hörte intensiv zu und begann mich zu wundern. Ich habe schon erzählt, daß mir J. S. Bach nicht so sehr liegt, aber heute fand ich es geradezu schrecklich. Ich versuchte es noch eine Weile, aber es tat mir beinahe weh. Ich war entsetzt. Was war mit mir los?

»Antaares, was ist passiert mit mir? Du hast gesagt, daß Bach versucht, die Lobgesänge der Cherubim auf die Erde zu bringen, weil er sie hören konnte. Warum kann ich das nicht mehr ertragen?«

»Tja – weißt du, das ist so – « Pause.

»Ich habe noch nie gehört, daß du ›tja‹ sagst, als wüßtest du nicht, was du ausdrücken willst, was ist los?«

»Wenn man das Original gerade gehört hat, ist ein Remake wirklich nicht das Gelbe vom Ei.«

»Ich verstehe kein Wort.«

»Na ja, du bist die letzten Nächte selbst da gewesen und hast sie gehört, und wenn man Himmlisches auf die Erde bringen will, ist das eben trotz der Genialität von Bach eben doch irdisch. Und das kannst du nun unterscheiden und willst nur noch Himmlisches.«

Mir liefen schon wieder die Tränen. Doofe Heulsuse sagte ich zu mir. Beim Frühstück erzählte ich meinem Mann davon. Er grinste wie ein Honigkuchenpferd und antwortete: »Willkommen im Club.«

»So hat Antaares das nicht gemeint, ich darf nur mal nachts hinauf.«

Er grinste noch mehr. »Gäste sind immer gern gesehen.«

Als ich im Schlafzimmer aufräumte und Staub wischte, meldete sich mein Engel wieder zu Wort: »Es war nett von dir, daß du heute Nacht nicht gemeckert hast.«

Wie gerne hätte ich das getan. Ich war erst gegen Morgen eingeschlafen, jedesmal, wenn ich am Einduseln war, bekam ich einen Reizhusten, der meiner Ansicht nach das Haus in seinen Grundfesten erschüttern mußte. Mein Mann schlief seit einigen Tagen im Gästezimmer, weil er Schnupfen und Husten hatte und ich eine Halsentzündung. Wenn er schlief, fing ich an zu bellen, wenn ich schlief, war er dran. Aber in dieser letzten Nacht hatte ich nicht nur Reizhusten, nein, es kamen noch nervöse Beine dazu, ich konnte sie einfach nicht stillhalten, dann setzte sich noch meine Nase zu, so daß ich durch meine gequälte Kehle Luft holen mußte. Zuletzt saß ich im Bett und heulte, was meiner Nase erst recht nicht bekam.

»Es hat mir wirklich leid getan, aber ich will dir sagen, warum du nicht schlafen durftest.«

»Nicht durfte? Was ist das für ein Unsinn?«

»Werd' nicht frech, ich erkläre es dir. Erinnerst du dich an den Bussard am Tag vorher?«

Ich erinnerte mich. Ich lag im Bett und guckte in den strahlend blauen Sommerhimmel hinauf und fand es gemein, bei solch schönem Wetter nicht auf dem Boot zu sein, sondern eine Halsentzündung im Bett auskurieren zu müssen. Ich hatte keinen Ton mehr herausbringen können, sinnigerweise fand mein Mann das erholsam, er müsse es genießen, meinte er. Ich flüsterte eine giftige Antwort, die man aber sowieso nicht verstehen konnte. Ich guckte also in den Himmel und sah hoch oben einen Bussard seine Kreise ziehen. Auf der Thermik schraubte er sich ohne einen Flügelschlag höher und höher hinauf, bis er zuletzt nur noch als winziges Pünktchen zu sehen war und dann ganz verschwand. Ich hatte das Gefühl, meine Seele flöge mit hinauf und ich armer Körper mußte hier unten bleiben. Dicke Tränen kullerten mir herunter als ich ihm nachstarrte.

»Siehst du, deine Sehnsucht war so groß, wieder an den Ort zurückzukehren, an dem du zuletzt warst, daß du nicht schlafen durftest. Denn je öfter du hinaufgehst, um so stärker wird die Sehnsucht. Und du hast noch einige wichtige Aufgaben hier. Dein Körper und deine Nerven werden dadurch auch zu empfindlich, also mußte ich dich hindern. Es hat mir so leid getan.«

»Wenn du es mir in der Nacht erzählt hättest, wäre es aber leichter zu ertragen gewesen«, ein bißchen meckern mußte ich jetzt doch, »und kann man mich nicht auf andere Weise hindern, mich eventuell irgendwo anders hin lotsen?«

»Du hast nachts genau die gleiche Entscheidungsfreiheit wie am Tag. Da muß ich eben ein bißchen tricksen, Vorschriften kann ich dir nicht machen. Ich weiß aber, was für dich gut ist.«

Ich wußte, daß er Recht hatte. Dies unbestimmte Ziehen in der Brust, das Weinenmüssen, wenn ich etwas Schönes sehe, die körperlichen Schmerzen, wenn mir jemand zuviel Gedanken auflädt, das alles hängt wohl damit zusammen. In den letzten Tagen, als ich krank im Bett lag, habe ich nicht geraucht, keinen Tropfen Alkohol getrunken, aber gebetet. Und das war alles wohl »viel zu gesund«, wie mein Mann meinte.

»Ich glaube, du kommst von einem anderen Stern und hältst es hier unten nur mit Alkohol aus«, meinte eine Freundin, als sie sah, wie ich mir mit Genuß einen Piccolo genehmigte.

Ich weiß es nicht und mein Engel verrät es mir nicht.

Susanna

Ich bin völlig fassungslos. Nicht nur ich. Mein Mann hat auch feuchte Augen gekriegt. Wir stehen uns gegenüber und bekommen kein Wort heraus. Und das ist die Geschichte:

Als mein erstes Engelbuch herauskam, bekam ich Leserbriefe. Sie stapelten sich auf meinem Schreibtisch und wann immer ich Zeit fand, habe ich Antwortbriefe geschrieben. Dann kam ich in dem Stapel zu dem Brief von Susanna F. Schrieb ihr und suchte den Umschlag mit dem Absender. Ich fand ihn nicht. Er war futsch – weg – einfach so! Mein Mann und ich stellten das ganze Büro auf den Kopf – nichts! Ich kippte den Behälter für Altpapier aus und wühlte ihn durch – nichts! Ich wußte, aus welcher Stadt der Brief gekommen war, leider eine der größten in Deutschland. Egal, ich ging zur Post, damals lagen dort noch alle Telefonbücher zur Einsicht vor, schrieb alle Namen mit Telefonnummern auf, die in Frage kamen und fing an zu telefonieren. Nach dem zwanzigsten vergeblichen Versuch, besagte Susanna zu finden, gab ich auf.

»Antaares, was muß sie von mir denken. Schreibt so einen lieben Brief und es gibt keine Antwort. Kannst du nicht etwas machen?«

»Nein, kann ich leider nicht. Aber wenn du fest daran glaubst, ergibt es sich vielleicht.«

Das war nicht schwierig, immer wieder dachte ich an sie, auch noch nach Jahren. Dann erschien mein zweites Buch. Vier Wochen später, ich war in der Küche beim Saubermachen, kommt mein Mann aus dem Büro heraufgeflitzt und hält mir triumphierend einen Brief unter die Nase: »Guck mal, ist das nicht – ?« Ich guckte und jubelte los: »Ja, das ist sie. Wie schön.«

Schrubber und Putzlappen flogen in die Ecke und ich stürzte mich auf den Brief. Beim Öffnen flatterte etwas herunter, ich achtete nicht darauf. Ich las, und der Schlußsatz des Briefes lautete folgendermaßen: »Ich las einmal, man sollte den 10ten Teil seines Einkommens jemanden geben, der einen geistig inspiriert hat. Ich freue mich, daß Sie es sind.«

Ich hob auf, was da heruntergefallen war, es war ein Hundertmarkschein. Wie in Trance stolperte ich die Treppe hinunter ins Büro. Stumm hielt ich meinen Mann Brief und Schein hin. Und da standen wir uns gegenüber und keiner brachte ein Wort heraus.

Als das erste Honorar für mein Buch ankam, wollte ich mich gerade freuen über den Zuwachs meiner Haushaltskasse und so richtig schön Geld ausgeben. Da meldete sich Antaares, das heißt, es begann sich in meinem Kopf ein Satz zu drehen, der mir so gar nicht in den Kram paßte. Und dann kann ich sicher sein, daß er es ist, der mir das einbläst. Der Satz war: »Umsonst habt ihr's empfangen, umsonst sollt ihr's weitergeben.« (Mt 10,8).

Also, abliefern, aber wem? Seit wir Boot fahren, haben wir das SOS-Schiffchen der »Deutschen Gesellschaft zur Rettung Schiffbrüchiger« im Sommer auf dem Boot und im Winter zu Hause. Mit den Worten: »Ham Se mal 'ne Mark?« halten wir es bei jeder passenden oder unpassenden Gelegenheit unseren Mitmenschen unter die Nase. Diese Gesellschaft erhält sich nur durch Spenden, und die Männer, die ihr Leben für andere riskieren, und es oft genug verlieren, haben unsere ganze Hochachtung. Na bitte, denen gebe ich es sogar gern. Und in dieses Schiffchen wanderte auch das Geld von Susanna, denn ich darf es ja nicht behalten. Aber es freut mich viel mehr, es ins Schiffchen zu tun.

Cholesterinwerte

Ich stand an der Haustür und blickte dem Menschen nach, der da etwas blaßgesichtig und verstört den Weg herunter stolperte. Mein Mann hinter mir grinste und sagte: »Das wird dauern, bis er sich von allem erholt hat.«

Was war geschehen? Vor einem Vierteljahr hatten wir bei unserem Geldinstitut um den Besuch des Kundenbetreuers gebeten. Dieser, ein sehr sympathischer, zuverlässiger Mann, hatte sich nicht gemeldet. Erst nach zweimaliger Erinnerung war er nun heute erschienen. Wir waren zunächst ziemlich sauer gewesen ob dieser Unzuverlässigkeit.

»Ich bekenne mich in allen Anklagepunkten schuldig«, hatte er mit einem reuevollen, charmanten Lächeln gesagt. »Es ist mir selbst völlig unerklärlich, wieso Ihre Nachricht unter einem Stapel anderer Papiere verschwinden konnte!«

Als das Geschäftliche erledigt war, wurde privat geplaudert. Wieder einmal kann ich nicht genau sagen, warum das Gespräch auf einmal von spirituellen Dingen handelte. Er meinte, er glaube eigentlich gar nichts. Auch nicht an Gott. Ich hatte nun gerade das Erlebnis mit der Gebetsheilung meiner Freundin gehabt und erzählte ihm davon. Das könne er sich beim besten Willen nicht vorstellen, meinte er. Dann wäre es sicher der Glaube gewesen, der geholfen hatte, weil die Kranke ja gewußt habe, daß für sie gebetet wurde. Genau wie bei der Homöopathie, da sei es auch nur der Glaube.

»Komisch, daß wir jetzt davon reden«, meinte er. »Ich habe vor ein paar Tagen mit einer Studentin eine ganze Nacht darüber diskutiert, aber man kommt damit ja nie zu Ende.«

Dann fragte ich, wie es ihm denn ergangen sei mit seiner Krankheit, von der er uns drei Jahre zuvor berichtet hatte. Er hatte damals lebensbedrohliche Blutdruck- und Cholersterinwerte gehabt. Ich hatte ihm heilende Gedanken geschickt und gebetet.

»Also, das war ganz verrückt. Aufeinmal waren alle Werte wieder normal, vier Wochen hat der Spuk gedauert, aber kurz nach dem ich hier bei Ihnen war, war alles o.K. Ich habe keine Medikamente genommen«. Ich sah ihn nur an. Er fing an zu stottern: »Haben Sie etwa - - - ?«

»Und Sie haben es nicht gewußt. Was halten Sie jetzt davon?«

Jetzt gab es ein lustiges Schauspiel. Er riß sich die Brille von der Nase, warf sie auf den Tisch, fuhr sich mit beiden Händen an den Kopf, nahm die Brille wieder auf, warf sie wieder hin, stieß unartikulierte Laute aus und rutschte fast vom Sofa. Von jetzt an sagte er nicht mehr viel.

»Nun ist mir auch klar, warum Ihr Engel unseren Zettel versteckt hat. Es war nicht der richtige Zeitpunkt für so ein Gespräch. Sie mußten erst mit der Studentin sprechen, und ich mußte Ihnen von der Gebetsheilung erzählen.«

»Sie haben Recht, es paßt alles zusammen«, sagte er leise, guckte abwechselnd meinen Mann und mich an, als hätten wir drei Köpfe und grüne Haare.

Als er ging, nahm er mich in der Diele in die Arme. Ich fühlte, daß er zitterte.

»Als ich hierher kam, fühlte ich mich gar nicht gut, jetzt geht es mir viel besser«,

»Na, bitte«, sagte ich, gab ihm einen Kuß auf die Wange, und dann verließ er uns.

Inge

Inge und Günther führten eine Ehe, die wahrlich im Himmel geschlossen war. Beide sehr gläubig und spirituell. Im vorigen Jahr starb Günther ganz plötzlich. Er bekam Gehirnbluten, und in zwei Tagen war alles vorbei. Inge versucht weiter zu leben ohne ihn. Ihr Glaube hilft ihr, aber manchmal stürzt man dann doch in eine abgrundtiefe Verzweiflung. Gestern abend rief sie mich an. Sie habe oft das Gefühl, daß Günther bei ihr sei, aber es sei doch entsetzlich schwer.

»Bitte, frage doch deinen Antaares, ob er dir sagen kann, wo Günther ist«, bat sie mich.

Ich hatte sofort nach seinem Tod gefragt, was ich tun sollte, und bekam von Günther die Antwort: »Hilf Inge!«

So hatte ich ihr ständig Hilfstruppen gesandt, Tröste-Engel, Ruhe-Engel für die Nacht und Kraft-Engel, um alles durchzustehen. Von Günther hatte ich seitdem nichts mehr gehört. Nun fragte ich meinen Engel: »Bitte, sag mir, wo Günther ist, ich möchte Inge Trost geben können.«

Keine Antwort.

Aber so schnell gebe ich nicht auf. Immer wieder stellte ich dieselbe Frage. Irgendwann wurde es Antaares dann wohl zu dumm.

»Die Frage ist völlig unnötig.«

»Wieso?«

»Inge weiß ganz sicher, daß er bei ihr ist, sie fühlt ihn so oft.«

»Dann ist er nicht im Himmel?«

»Der Himmel ist ihm jetzt nicht so wichtig wie Inge.«

»Also bleibt er im Zwischenreich, um ihr nahe zu sein, nicht wahr?«

»Genauso ist es.«

»Ich würde das auch tun, wenn Heinz allein hier bleiben müßte.«

»Das weiß ich.«

An dem Tag, als Inge anrief, bekam ich noch einen Anruf von einer anderen Freundin. Deren Mutter ging es nicht gut, sie hatte eine Ischias-Attacke und konnte sich nicht rühren. Ich möchte der Mutter doch einen Engel schicken. Jeder Arzt würde bei der nächsten Aussage die Haare aufstellen. Meine Freundin erzählte, daß die Mutter an dem Tag großen Kummer gehabt hatte durch den Sohn, und sie war der Meinung, davon komme das ganze Elend. Ich rief die Mutter an und sagte ihr, daß ich eine ganze Legion Engel losschicken würde, und daß ihre Tochter nicht nur mich aktiviert, sondern einen Rundruf mit der gleichen Bitte gestartet hatte. Ich fing auch sofort an: Einen Heil-Engel für die Wirbelsäule und einen für den entzündeten Ischiasnerv, einen Trost-Engel für das Herz, einen Ruhe-Engel für die Seele und einen Engel der Ordnung für die durcheinander geratenen Gedanken. Und das stündlich bis zum Einschlafen. Am anderen Morgen ging das Telefon. Die Mutter: »Ein Wunder, ein richtiges Wunder, alles ist gut. In der Nacht fühlte ich eine warme Welle der Liebe und Wärme – weg waren die Schmerzen. Ich danke euch allen so sehr.«

Ich bekam eine Gänsehaut und mußte schlucken, ach war das schön!!!

Frauenberg

»Antaares, es ist soviel geschehen, wenn ich alles aufschreiben soll, mußt du mir helfen. Ich weiß gar nicht mehr, wie alles war, es geht ziemlich durcheinander, mir sind nur einige Höhepunkte genau in Erinnerung, sonst ist alles nur ein Gefühlschaos. Wie soll ich anfangen?«

»Manchmal stellst du dich wirklich an, als könntest du keinen ordentlichen Satz zustande bringen. Aber ich bin ja nicht so, ich werde dir helfen. Also, der Anfang geht so: Mein Verleger hatte seine Autoren und die Buchhändler zu einer Tagung eingeladen. Kannst du jetzt allein weiter?«

»Ich denke schon, vielen Dank.«

Es war eine wunderschöne Gegend in der Mitte Deutschlands. Ein wirklich tolles Hotel und die Zimmer beinah luxuriös. Ich fühlte mich gleich richtig wohl, obgleich ich zuerst etwas »Fracksausen« hatte, weil ich überhaupt keine Vorstellung davon hatte, was auf mich zukam. Nach einem gemeinsamen Mittagessen gingen wir in den Seminarraum. Man brachte mich zu meinem Platz, doch ehe ich mich setzen konnte, kam eine junge Frau auf mich zu. »Wie schön, daß Sie gekommen sind, ich muß Sie unbedingt sprechen. Ihren Mann auch, ist er da?«

Es stellte sich heraus, daß der Ehemann der jungen Frau ein absoluter Lesemuffel gewesen war, alles, was interessant war, mußte seine Frau ihm erzählen. Als er jedoch mein Buch in die Finger bekam, trat die Wende ein, er bekam sozusagen einen Lesefimmel und las jetzt alles, was ihm unter die Augen kam. Er ließ meinen Mann und mich herzlich grüßen und ausrichten, wie dankbar er uns sei. Ich staunte nur, freute mich aber sehr über die herzliche, spontane Art der jungen Frau.

Dann stellten sich die Autoren den Buchhändlern vor. Als ich an die Reihe kam, erlebte ich etwas Seltsames. Ich bin gewöhnt, vor Publikum zu sprechen, ob fünfzig oder fünfhundert Leute, das war egal. Bei meinem ersten Vortrag hatte ich mich ganz auf Antaares verlassen, der mir gesagt hatte, er würde mir schon eingeben, was ich sagen sollte. Jetzt stand ich da und meine ganze Selbstsicherheit war baden gegangen.

»Antaares, hilf mir!« war mein gedankliches Stoßgebet. Ich fühlte, wie sich meine Kehle zuzog und die Augen feucht wurden. Irgendwie bekam ich meinen Namen heraus und erzählte, wie es zu dem ersten Buch gekommen war. Alles lachte. Ich stotterte, daß ich wirklich nichts dafür konnte und setzte mich hin, völlig »von der Rolle«, anders kann ich meinen Zustand nicht beschreiben. Gänzlich verdutzt war ich, als mich meine Nachbarin in den Arm nahm und sagte, ich sei wunderbar gewesen.

»Nett, daß sie mich über meine Stotterei trösten will«, dachte ich.

Anschließend suchten sich die Buchhändler die Autoren aus, mit denen sie sprechen wollten, und wir verteilten uns so, daß keiner den anderen störte. Ich saß erwartungsvoll in meiner Ecke. Zwei Frauen kamen – nein – sie schossen geradezu auf mich los mit den Worten: »Was haben Sie für einen schönen Engel!«

Ich starrte sie an, ich konnte es kaum glauben, sie hatten ihn gesehen? Sie versicherten mir, als ich aufgestanden sei, sei es in dem Raum hinter mir strahlend hell gewesen, es sei so wunderschön gewesen. Und dann ging alles Schlag auf Schlag. Alle, die zu mir kamen, brachten Schübe von Liebe und Energie mit, mein ganzer Körper begann zu vibrieren. Diejenigen, die ein Buch signiert haben wollten, bekamen von Antaares, ja, von Antaares, die passende Widmung. Manchmal unterschrieb ich mit »Antaares«, manchmal mit »dein Engel«. Wie lange das alles gedauert hat, weiß ich nicht, ich war am Ende nur noch ein einziger Schmerz, konnte auch die Tränen nicht mehr zurückhalten. Mein Mann, Gott segne meinen Verleger, der ihn mit eingeladen hatte, brachte mich ins Restaurant herunter und holte mich mit einem Doppelkorn und einem Glas Bier auf die Erde zurück.

Nach dem Abendessen saßen wir noch lange zusammen. Es war lange nach Mitternacht, als wir endlich zu Bett gingen. Was mich sehr verwunderte, daß sehr viele der Leute, die zu diesem Treffen kamen, das ja nur von Esoterik bestimmt wurde, Raucher waren und Bier oder Wein tranken. Mein lieber Mann, der schon die Befürchtung gehegt hatte, mit seiner Pfeife unangenehm aufzufallen, oder sie womöglich überhaupt nicht anstecken zu dürfen, war hell begeistert.

Was mir besonders gut getan hatte, war das sichere Gefühl, dazu zu gehören und akzeptiert zu werden. Ich hatte mich mein ganzes Leben lang immer etwas »außen vor« gefühlt, egal, wohin ich kam, auch in der Familie. Außer bei den Kindern, die ich unterrichtete, die hatten mich wirklich gern.

Ich brauchte noch den ganzen nächsten Tag, um wieder das Gefühl zu bekommen, auf der Erde zu sein und nicht irgendwo zwischen Himmel und Erde zu schweben.

Wieder daheim angekommen, blieb mir nicht viel Zeit, über alles nachzudenken. Wir hatten nur einen Tag, um alles zu packen, was wir für die Überführung unseres Bootes brauchten. Am nächsten Morgen holte uns ein Freund ab und brachte uns zu der Werft, in der unsere »Binz« den Winter verbracht hatte.

Es goß wie aus Kübeln, als wir uns auf den Weg machten. Der Werftbesitzer starrte uns entgeistert an. »Ihr wollt doch bei dem Wetter nicht ins Wasser, das ist doch bescheuert.«

Es ging aber nicht anders, denn es waren die letzten Ferientage und wir brauchten sie für die Fahrt. Zwei Stunden später stand ich am Fenster in der Halle und sah zum Himmel. Es pladderte unentwegt, ich stellte mir vor, die Betten, die Sachen zum Anziehen und was dergleichen Dinge mehr sind, bei dem Regen auf das Boot zu bringen. In nassen Daunen schlafen macht bestimmt keinen Spaß. Ich fing an, Gott und Antaares und sämtlichen Wolkenengeln in den Ohren zu liegen. Im Grunde meines Herzens wußte ich, daß es aufhören würde, aber ein bißchen Zureden kann ja nicht schaden. Als der LKW mit dem Boot im Schlepp vom Hof in Richtung Weser rollte, riß der Himmel auf. Als wir im Wasser waren und mit dem Beladen begannen, kamen, noch etwas zögernd, die ersten Sonnenstrahlen durch. Als wir alles fertig hatten, war der Himmel klar und sommerblau. Wir konnten auf Deck Mittagessen, es wurde beinah schon zu warm. Wir genossen die Stunde und bedankten uns dafür. Dann hieß es Maschine an und Leinen los. Es wurde wieder kalt und eine halbe Stunde später gab es das gleiche Wetter wie am Morgen. Aber jedesmal, wenn wir in eine Schleuse einliefen, aus dem warmen Ruderhaus nach draußen mußten, hörte es auf zu regnen. Und zwar genauso lange, wie der Schleusenvorgang dauerte.

Wenn wir uns von den Schleusenwärtern verabschiedeten, dann hieß es immer: »Vielen Dank und gute Wache.«

Als wir abends in die Kojen krochen, faltete ich die Hände, dankte für die Fürsorge und murmelte schon halb im Schlaf: »Gute Nacht, lieber Gott, gute Nacht Antaares –« und, wohl aus alter Gewohnheit: –»schlaft schön!«

Prompt kam es von Antaares: »Was soll das, du weißt doch, daß wir nicht schlafen.«

»Ach ja, na dann: Gute Wache!«

Antaares: »Bin ich ein Schleusenwärter?«

Ich lachte los, es hatte so schön empört geklungen, mein Mann wurde wach und murmelte: »Was'n los?«

»Antaares teilt mir gerade mit, daß er kein Schleusenwärter ist.«

Mein Mann murmelte irgend etwas, das ich nicht verstand und schnurchelte sanft weiter.

Es wurde immer kälter und wir brachen den Weltrekord im Zähneklappern. Am dritten Tag kamen wir zu Haus an und stürzten uns unter die heiße Dusche. Ach, war das schön.

Gründonnerstagabend kroch ich gesund und vergnügt ins Bett, schlief sofort ein und wurde zwei Stunden später wieder wach. Mein Kreuz begann zu schmerzen. Nach einer halben Stunde tat der ganze Rücken weh, aber wie! Da sind wieder ein paar Wirbel verrutscht, dachte ich, und zugleich fiel mir siedendheiß ein, daß am nächsten Tag Karfreitag war. Kein Heilpraktiker! Der kalte Schweiß trat mir vor Angst auf die Stirn und kurz darauf war ich rundherum schweißnaß.

Dann machte es plötzlich »klick« in meinem Kopf: Es ist die Nacht Jesu in Gethsemane, ER war schweißbedeckt und in Todesangst. Ich will doch seinen Weg gehen, also: HERR, laß diesen Kelch an mir vorübergehen, doch nicht mein, sondern dein Wille geschehe.

Ich streckte mich aus und ließ es wehtun. Dabei fiel mir ein, daß ich es bisher nicht bemerkt hatte, daß es nun zum dritten Mal an Ostern so war.

Als es hell wurde, hörten die Schmerzen auf. Ich hörte Antaares sagen: »Das ist der Preis.«

Ich verstand ihn sofort. Wenn Wolken und Regen meiner Bitte willfahren, wenn Engel immer an meiner Seite sind, dann muß ich auch die andere Seite dieses Glaubens hinnehmen. Die des Leidens und der Schmerzen. Amen!

Was Doris erlebte

Sanft schaukelte unser Schiff im Elbwasser des Hamburger Cityhafens. Unsere Freundin Doris war an Bord gekommen, genoß die Hafenatmosphäre und erzählte. Und was sie berichtete, war so phantastisch, daß ich sie fragte, ob ich es aufschreiben dürfte, damit andere Menschen es auch erfahren. Sie hatte nichts dagegen, ganz im Gegenteil, es freute sie. Hier sind nun ihre drei schönsten Geschichten:

Sie hatte in meinem Buch »Gespräche mit meinem Engel« das Kapitel »Kann man mit Brennesseln reden« wohl etwas skeptisch aufgenommen und beschlossen, es auszuprobieren. Also ging sie zu einem Brennesselbusch und begann einer Nessel gut zuzureden: »Bitte, tu mir nichts, ich hab dich auch ganz lieb«, während sie die Worte immer wiederholte, näherte sie ihre Hände der Brennessel, bis sie sie mit beiden Händen umschloß. Ergebnis: Sie wurde nicht gebrannt. Doris war beeindruckt.

Doris unterrichtet an einer Grundschule. Eines Morgens wollte eine Fliege am Unterricht teilnehmen und brachte die Kinder ziemlich durcheinander. Nachdem Doris eine Weile versucht hatte, Disziplin in die Klasse zu bringen, was natürlich mißlang, ging sie auf die Fliege zu. Sie streckte ihr die geöffnete Hand entgegen und sagte: »Merkst du nicht, daß du störst? Komm jetzt her, ich bringe dich 'raus.« Das Wunder geschah, die Fliege setzte sich auf ihre Hand. Doris, selbst fassungslos darüber, trug sie durch die ganze Klasse, die Kinder starrten mit offenem Mund hinterher. Doris ging in den Flur, dann zur Haustür, die Fliege flog auf, kurz nach draußen und machte »auf der Flügelspitze kehrt« und kam in den Flur zurück. »Hier darfst du bleiben, wenn es dir draußen zu kalt ist«, sagte Doris.

Ich denke darüber nach, wie wohl die Eltern reagiert haben auf die Berichterstattung ihrer Kinder.

Die dritte Geschichte klingt am unwahrscheinlichsten, ist aber für mich die schönste.

Doris' siebzehnjährige Tochter war zu einer Freundin gefahren. Doris hatte ihr Handy abgeschaltet. Wie man weiß, kann man auf einem abgeschalteten Handy keine Nachricht hinterlassen. Aber als Doris nach Hause kam, ihr Handy aus der Tasche nahm und es anschalten wollte, sah sie zu ihrer Überraschung eine Nachricht auf dem Display: Hannelore anrufen! Sie tat es sofort. »Mama«, keuchte die Tochter entgeistert, »warum rufst du ausgerechnet jetzt an?«

Tja, da ist sie wohl im letzten Augenblick vor einer großen Dummheit bewahrt worden.

Womit feststeht, daß Engel auch mit ausgeschalteten Handys umgehen können.

Basco

Wir bekamen einen Dackel für ein paar Tage in Pension. Basco war ein knappes Jahr alt und ein Rauhaardackel. Ein süßes Kerlchen. Die erste Stunde weinte er ein wenig hinter seinem Herrchen her, aber als wir dann mit ihm einen langen Waldspaziergang machten, akzeptierte er die neue Umgebung. Nun aber kam der Abend und er mußte allein in der Küche in seinem Körbchen schlafen. Im Körbchen war ein Schlafanzug von seinem Herrchen deponiert und ein Stückchen Webpelz, was wir als Schnuffeltuch bezeichneten. Kaum hatten wir die Tür hinter ihm geschlossen, begann sein Jammergeschrei. In den höchsten Tönen tat er seinen Frust und seine Verlassenheit kund. Da wir aber bei aller Liebe zu Hunden auch unsere eigenen nie im Schlafzimmer geduldet hatten, mußte es durchgestanden werden. Es zerriß mir das Herz, aber wir blieben hart. Ich saß im Badezimmer auf dem Klo und hörte durch die Türen die jammervollen Töne.

»Antaares, bitte geh in die Küche und tröste den armen Kerl, ich halte es nicht aus!«

Da erfuhr ich, wie prompt ein Engel reagiert. Ich hatte es noch nicht ganz ausgesprochen, da brach das Geschrei abrupt ab – und es blieb still, die ganze Nacht.

Als wir im Bett lagen, bedankte ich mich bei meinem Engel.

»Bleibst du jetzt die Nacht bei ihm?« fragte ich und er antwortete, das sei nicht nötig, er hätte Bascos Engel genügend Energie gegeben.

Ich kuschelte mich zufrieden unter meine Bettdecke. Dann stellte ich mir vor, wie Bascos Engel mit ins Körbchen kriecht, sich zusammenrollt und einen Flügel über den Rand hängen läßt wie Basco sein Schlappöhrchen. Darüber mußte ich lachen, mein Mann wurde von meinem Gelächter wach und brummte, was los sei. Ich erzählte ihm, was ich mir vorgestellt hatte, er lachte mit. Auch Antaares amüsierte sich und so kicherten wir alle drei bis zum Einschlafen.

Illusionen

Es ging mir so richtig gut! Meine Seele war leicht und frei, mein Bewußtsein mit dem Unendlichen verbunden, vor lauter Glück hatte ich das Gefühl, mein Herz tanzt mit Sonne, Wind und Wolken. Wenn es doch nur so bleiben könnte, wünschte ich mir.

Das tat es natürlich nicht. Zwei Tage später beim Einkaufen in der Stadt wurde mir plötzlich schlecht, mein Kreislauf geriet ins Wanken und ich schaffte es gerade noch in die Praxis meines Heilpraktikers.

»Ich glaube, Sie haben sich den neuen Grippevirus eingefangen, der grassiert in der Stadt.« Ich bekam eine Spritze, wurde in ein Taxi verfrachtet und nach Hause gefahren. Ab ins Bett! Nach ein paar Tagen fühlte ich mich wieder wohl und machte mich wieder auf zum Einkaufen, wie üblich mit dem Fahrrad. Tja, und es haute mich vom Sattel und meine Beine fühlten sich an wie ein Wackelpudding. Da mein Mann noch zu Haus war, rief ich ihn an und bat ihn, mich und mein Fahrrad mit dem Wagen abzuholen. Es mußte aber noch auf dem Wochenmarkt eingekauft werden. Also fuhren wir dahin, ich blieb im Wagen liegen, und Heinz sauste zum Butterstand. Die Inhaberin betrachtete ich als meine Freundin. Wann immer Zeit war, sprachen wir über unsere Erlebnisse mit Engeln, und sie liebte meine Bücher.

Sie wird sich erschrecken, wenn sie hört, daß ich krank bin, dachte ich. Mein Mann kam zurück. »Was hat sie gesagt?«

»Als ich sagte, es müsse schnell gehen, du im Wagen liegen würdest und es ginge dir nicht gut, antwortete sie: Die soll sich nicht so anstellen!«

Ich war so entsetzt, daß mir die Worte fehlten.

Als ich krank wurde, hatte ich die Bekannte angerufen, die kurz zuvor krank war und der ich Engel gesandt hatte. Nun hatte ich sie gebeten, das gleiche für mich zu tun. Sie versprach es und erzählte mir, daß am nächsten Tag ihre Tochter kommen würde. Die wohnt ziemlich weit weg und war auch nur selten hier, und da ich sie ebenfalls zu meinen Freundinnen zählte, freute ich mich sehr. Ich ging davon aus, daß sie anrufen würde, wenn sie hörte, daß es mir schlecht ging. Fehlanzeige! Zwei Tage später rief die Mutter an. Als ich sagte, ich hätte mich eigentlich auf ein Gespräch mit Heike gefreut, kam die Antwort: »Also wirklich, wir haben überhaupt nicht daran gedacht!«

Dann begann sie sich dafür zu entschuldigen. Ich sagte ihr, das müsse sie nicht, ich sei nicht böse darüber. War ich auch nicht, aber traurig.

Dann rief mein Mann seine Mutter an und sagte ihr, daß ich eine Virusgrippe hätte. Mutter sagte »och« und erzählte dann etwas anderes. Am Ende des Gespräches fiel ihr dann aber im letzten Moment noch ein, gute Besserung zu wünschen. Das war mir alles ein bißchen viel auf einmal, zumal ich mich auch noch sehr elend fühlte.

»Wie findest du das?« fragte ich meinen Engel und hoffte auf ein paar Trostworte. Ja, Pustekuchen, das war wohl nichts.

»Wann wirst du es endlich lernen, nicht die Leute sind für dich da, sondern du bist für die Leute da!«

»Das ist hart.«

»Das hast du vorher gewußt. Du hast es mit freiem Willen auf dich genommen. Aber wir haben es dir doch noch leicht gemacht. Du hast zwei, die für dich, und ausschließlich nur für dich da sind. Deinen Mann und mich. Was glaubst du, wievielen Menschen das beschieden ist?«

»Ich kann mir nicht helfen, wenn einem die Illusionen so zerplatzen, das tut doch ganz schön weh.«

»Illusionen sind eben nur Luftballons, die müssen platzen, und ich glaube, du nimmst dich auch zu wichtig. Im Leben anderer Menschen bist du nur eine Randerscheinung, je eher du das lernst, um so weniger schmerzliche Erfahrungen mußt du machen. Du sollst auch dein Herz nicht immer gleich an die Menschen hängen – «

»Du sollst deine Nächsten lieben wie dich selbst, was ist damit?«

»Es ist ein Unterschied zwischen Nächstenliebe und an einem Menschen kleben zu wollen. Du willst, daß sie dich in ihr Leben einbeziehen, wenn auch nur in Gedanken. Das funktioniert aber nicht. Du darfst sie lieben und ihnen helfen, aber du darfst dich nicht in ihr Leben einmischen. Ich weiß, das tust du zu gern.«

»Ich werde mich bemühen, ich versuche, mich zu bessern.«

»Willst du nicht einmal nachlesen, in wie vielen Kapiteln diese Worte zum Schluß stehen? Irgendwann machen wir einmal Bilanz, was davon wahr geworden ist.«

Jetzt grübele ich darüber nach, ob das Trostworte waren oder ob mein Engel mich auf den Arm nehmen will.

Das Kreuz Christi

Seit drei Tagen und drei Nächten dreht sich diese Geschichte in meinem Kopf und ich starre schon eine Weile auf den Bildschirm und finde den Anfang nicht, weil Antaares wie meistens erst nur eine Information gibt, mit der ich nicht viel anfangen kann. Im Laufe der Zeit kommen dann die übrigen Stücke dazu. Wenn ich dann alles aufschreiben will, weiß ich nicht, womit ich anfangen soll. Manchmal zäume ich dann das Pferd von hinten auf und der Leser muß viel Geduld aufbringen, bis er endlich am Knackpunkt angelangt ist. Wenn ich jetzt wieder mit meiner Gesundheit, beziehungsweise mit meinen Rückenschmerzen anfange, so hoffe ich, daß man nicht seufzt »schon wieder der Rücken«. Aber es fing ja wie üblich damit an. Und zwar eine ganz neue Art von Rückenschmerzen. Es war, als ob ich auf den Schultern mindestens das Gewicht der Pyramiden von Gizeh tragen würde. Der Druck ging über die Schulterblätter bis ins Kreuz. Es waren keine Schmerzen, es war nur Druck. Weh tat es erst, wenn ich versuchte meinen Büstenhalter anzuziehen. Das hielt ich keine halbe Stunde aus, dann waren die Schmerzen unerträglich. Also, Busen auf Halbmast und nur Schlabberkleider. Mein Heilpraktiker, den meine Leser ja schon kennen, stellte die Frage, ob ich wenigstens wüßte, wessen Last ich trüge. Ich hatte keine Ahnung. Damit gab er sich nicht zufrieden. Auf sein Bohren gab ich ihm die Auskunft, daß ich lediglich für ein paar Menschen, die in einem häßlichen Schlamassel steckten, Fürbitte leisten würde.

So, das war ein Teil der Geschichte. An einem Abend, als mein Mann und ich in einer kleinen gemütlichen Kneipe ein Bier tranken, fiel mir plötzlich mit viel Getöse jemand um den Hals. Es war eine Bekannte aus einer Zeit, als ich noch solo war und in ihrer Clique verkehrte.

»Wo kommst du denn auf einmal her?« fragte ich erstaunt. Es waren mindestens zwanzig Jahre her, daß ich sie einmal auf der Straße getroffen hatte. Sie war mit ihrem Mann im Profitanzsport und, wie ich wußte, sehr erfolgreich.

»Mein Mann hat sich nach dreißig Jahren scheiden lassen, hurra, ich bin glücklich!«

Natürlich war sie am Verzweifeln. Aus einem großen Haus in eine kleine Wohnung, alle Freunde waren, wie das so üblich ist, bei dem Mann geblieben. Das alles erfuhr ich, als ich sie ein paar Tage später anrief und sie einlud. Sie lehnte ab.

Und nun der nächste Teil. Ich bekam eine Virusgrippe, von der ich im vorigen Kapitel berichtet habe. Also Bettruhe. Nach vierzehn Tagen halbwegs wieder auf den »Läufen«, bestückte ich die Waschmaschine und hängte die Wäsche auf die Terrasse. Weil mein Kreislauf aber noch nicht mitspielte, mußte ich, als die Wäsche nach einem halben Tag so richtig schön bügelfeucht war, im Sitzen bügeln. Ich hasse das. Es geht einfach nicht schnell genug. Ich zwang mich, ruhig zu bleiben und dachte über alles mögliche nach. Auch über die Bekannte, die nun in meiner Nachbarschaft wohnte. Ich beschloß, sie so bald wie möglich zu besuchen.

»Das wirst du nicht tun!« Mein Engel!

»Nanu, seit wann darf ich mich nicht um einen Menschen kümmern, der in Not ist?«

Ich muß jetzt dazu erklären, daß alles, was ich jetzt nacheinander aufschreibe, praktisch zur gleichen Zeit passierte. Nur der Abend in der Kneipe passierte vor der Grippe, logischerweise.

»Du wirst es schon merken.«

Morgendämmerung. Das erste Vogelgezwitscher. Ich schlief nicht, war aber auch nicht wach. Da war da auf einmal ein Bild. Christus mit dem Kreuz auf den Schultern auf dem Weg nach Golgatha. ER schleppte sich die Straße entlang und dann stürzte ER zu Boden, das Gesicht im Straßenstaub.

Ich sah, wie ER dalag, der Querbalken des Kreuzes ruhte auf SEINEN Schulterblättern, der Stamm genau auf der Wirbelsäule. Dann kam mir wie ein Blitz die Erkenntnis, daß mir genau dieselben Stellen weh taten, der Schultergürtel, worauf vorher der Balken gelegen hatte, die Schulterblätter und die Wirbelsäule, wo jetzt SEIN Kreuz lag. Und seltsam, es kam mir ganz selbstverständlich vor.

Durch das offene Fenster kam ein Geräusch, und ich wurde wach.

»Verstehst du jetzt, was ich meinte? Du hast dir schon so viel aufgeladen, daß der Kummer deiner alten Bekannten dir den Rest gegeben hätte. Du hast das nicht bewußt auf dich genommen, das weiß ich. Aber dein zweites Buch ist gerade herausgekommen. Alle Gedanken der Leser können dich erreichen, daran ändert auch dein Pseudonym nichts. Der Druck wird irgendwann nachlassen, aber jetzt darf keiner mehr dazu kommen. Sonst wärest du wie Christus unter der Last des Kreuzes zusammen gebrochen. Und das«, ich hörte ein Lächeln in seinem Ton, »ist nicht im Sinne des Erfinders.«

»So langsam wird mir das alles etwas zuviel.« Ich war ja nun schon wirklich einiges gewöhnt, aber manchmal wünschte ich mir, ich könnte so stinknormal leben wie andere Zeitgenossen.

»Rede keinen Blödsinn, das würde dir überhaupt nicht mehr gefallen. Außerdem hast du selbst immer um ein Leben gebetet, daß für andere Menschen hilfreich sein kann. Da du aber nun einmal zu Übertreibungen neigst, wird es manchmal härter, als es für dich gut ist. Wenn du es dann so nicht erkennst, zeige ich es dir in einem Bild.«

Ich merkte mir alles gut, und als ich an dem Abend zu Bett ging, faltete ich nicht wie üblich die Hände, um für die Menschen zu beten, von denen ich wußte, sie verließen sich auf meine Fürbitte. Ich machte es anders: »Antaares, hör mir jetzt gut zu. Du hast jeden Abend zugehört, wenn ich gebetet habe. Du weißt also ganz genau, wer Hilfe braucht. Ich denke jetzt nicht mehr an die Leute, aber du wirst ihnen die Engel schicken, die sie brauchen. Hast du mich verstanden? Ich verlasse mich auf dich.«

»Weißt du was? Du bist ganz schön raffiniert. Aber das geht in Ordnung. Und jetzt schlaf schön.«

Ich rollte mich beruhigt auf meine Schlafseite, und am anderen Morgen waren die Schmerzen und der Druck schon etwas besser geworden.

Es dauerte eine Woche, in der ich nicht meditierte oder Fürbitten sprach. Dann war aller Druck weg. Sollte ich wieder anfangen, fragte ich mich. Lieber nicht. Antaares wird mir schon Bescheid sagen, wenn es wieder sein darf.

»Mach' ich!« sagte er.

Der verpatzte Termin

Es ist wirklich zum Heulen. Die längste Zeit, die ich vor dem Computer sitze, ist, wenn ich auf den leeren Bildschirm stiere und den Anfang nicht finde. Jedenfalls kommt es mir so vor. Und wenn dann gar nichts passiert, lasse ich eben meinen Ärger auf diese Weise darüber aus. Heute bin ich nicht nur darüber ärgerlich, sondern auch, daß ich einen ganzen Nachmittag für nichts und wieder nichts unterwegs war. Mit dem Auto! Und das bei den Spritpreisen. Aber die fünfundzwanzig Kilometer zu meiner Therapeutin sind mir für das Fahrrad wirklich zuviel.

Weil meine Rückenprobleme sich nicht besserten und ich meinen Haushalt gerne selber mache, empfahl man mir, jemanden aufzusuchen, der nach der Grindberg-Methode arbeitet. Jetzt habe ich fünf Behandlungen gehabt und weiß immer noch nicht, was genau sie eigentlich gemacht hat. Ist ja auch egal. Vor vierzehn Tagen hatte sie etwas »geknackt«, was wohl als dicker Klumpen in meinem Unterbewußtsein gehockt hatte. Ich fühlte mich eine Woche lang wie ein Luftballon, den man angepiekt hat und der jetzt langsam aber sicher die Luft verliert und in sich zusammenfällt. Es war ein schauderhafter Zustand. Als ich wieder bei ihr war, jaulte ich ihr richtig die Ohren voll. Sie fragte, ob ich mich an etwas ganz Schreckliches erinnert hätte. Oh ja, das hatte ich. Man glaubt es ja nicht, es lag fast fünfzig Jahre zurück und ich hatte nie mehr daran gedacht. Eben, weil es zu schlimm war. Sie sagte, dies müsse ich nun in Liebe annehmen, dann wäre es wirklich vorbei. Na, prost Mahlzeit, dachte ich, wenn das nicht zuviel verlangt ist. Wetten, daß Sie jetzt an Mißbrauch oder Vergewaltigung denken? Nein, war es nicht, aber ich erzähle es trotzdem nicht.

Nach der Behandlung ging es mir besser, dann fand ich noch in meinem Jin-Shin-Jyutsu-Buch eine Energieströmung, von der es hieß, daß sie hilft, die Vergangenheit zu bewältigen. Na, wunderbar. Das konnte ich selbst machen und alles war gut.

Ich hatte einen neuen Termin bei ihr bekommen und mich schon gewundert, daß es ein anderer Tag und eine andere Zeit war, die mir eigentlich gar nicht paßte. Ich wollte schon den Mund aufmachen und fragen, doch dann dachte ich, ihre Zeit ist knapper als meine, nimm es, wie es ist.

Fahre also zu dem Termin und erfahre, daß sie heute nicht da ist und mein Termin gestern zu der üblichen Zeit gewesen war.

Ehe mein Zorn sich richtig ausbreiten konnte, fiel mir mein Spruch ein, den ich mir vorsage, wenn etwas so richtig in die Hose geht: Es ist immer richtig, so wie es kommt! Diesen Satz habe ich auf dem ganzen Rückweg vor mich hin gebrabbelt, denn es ist sehr unvernünftig und gefährlich, wütend am Steuer zu sitzen. Irgendwie überträgt sich das auf den Gasfuß und ich hatte Schwierigkeiten, die Geschwindigkeitsbeschränkungen einzuhalten.

Als ich mich richtig beruhigt hatte, setzte ich mich an den Computer. Ich nahm an, daß mir Antaares schon erklären würde, warum das passiert war. Und er tat es: »Du darfst nicht glauben, du könntest sie davon überzeugen, dir einen falschen Termin gegeben zu haben. Sie hat es getan, aber in meinem Auftrag und hat keine Ahnung, daß das sein mußte. Deine Behandlung ist abgeschlossen, dieser Klumpen, wie du es bezeichnest, mußte aufgelöst werden, deine Rückenschmerzen sind weg. Sollte da noch irgend etwas Fieses sitzen, kann es erst dann behandelt werden, wenn du genug Kraft dafür hast. Sie darf jetzt nichts mehr lostreten.«

»Sag' bloß, da sitzt noch mehr? Igitt!«

»Glaubst du im Ernst, daß dein Unterbewußtsein jetzt rein ist wie frisch gefallener Schnee? Ich kann dir aber sagen, daß dies wohl das größte Übel von allem war. So wild wird es nicht mehr kommen.«

Sollte ich ab sofort wirklich keine Rückenschmerzen mehr haben? Nach fünfzig Jahren? Es ist fast zu schön, um wahr zu sein. Ich werde meine Leser natürlich auf dem Laufenden halten.

Smalltalk

Mein Mann hatte sich zum Mittagsschlaf hingelegt. Eine Stunde Ruhe nach dem Unterricht muß sein, sonst sieht er aus wie eine ausgewrungene Socke. Das heißt aber, daß ich nicht in die Küche gehen kann zum Abwaschen, das Geklapper von nebenan würde ihn stören. Also überlegte ich, was ich jetzt tun könnte. Stellte fest, daß ich zu gar nichts Lust hatte. Oh, Arbeit wäre genug da, nur reizte es mich weder Strümpfe zu stopfen noch Staub zu wischen oder das Büro zu putzen. Ich hockte auf dem Bettrand, blickte in das Schneegestöber hinaus und dachte, ich könnte ein wenig mit meinem Engel plaudern. Einfach so, ohne einen besonderen Anlaß. Ob er darauf einging? Ich ging also ins Büro, lud das Textprogramm und jetzt sitze ich am PC und warte, daß er sich meldet.

Wurde nichts.

»Antaares, du hältst nichts von Small Talk, nicht wahr?«

»Fängst du jetzt auch mit dem blöden Sprachmischmasch an? Sag' doch gleich banales Zeug reden oder einfach blabla. Mit mir nicht.«

Hätte ich mir ja auch denken können. Am besten wäre es, mir würde jetzt eine Frage einfallen, so etwas richtig Schwieriges, Spirituelles, worüber ich mit ihm diskutieren könnte. Aber da war nichts und da kam nichts.

»Na, denn nicht, gehe ich eben doch Staubwischen.«

»Das ist auch viel nötiger.«

Ach, sieh mal an, jetzt sagt er was. Kriegt mich sogar an die Arbeit. Seufzend nehme ich meinen Staublappen und tue, was er will.

Das Femgericht

Wissen Sie, womit ich jetzt am liebsten dieses Kapitel anfangen würde? Mit einem der unpassendsten Sätze für ein Engelbuch. Das war nämlich das erste, was mir durch den Kopf schoß, als ich die Informationen bekam, von denen ich jetzt berichten will.

»Jetzt wird doch der Hund in der Pfanne verrückt!«

Ich wollte Sie langsam vorbereiten auf diese makabre Äußerung, für den Fall, daß jemand sehr zart besaitet ist. Allerdings, wer meine Bücher kennt, weiß, daß ich kein Blatt vor den Mund nehme. Also, die Sache war die: (Ich muß mal wieder ganz weit ausholen, leider.) Als meine Schwester vier Jahre vor mir geboren wurde, war sie ein so traumhaft schönes Baby, daß »alles Volk herbeiströmte«, und sich überschlug vor Bewunderung. Dann kam ich!! Meine Eltern müssen vor Schreck und Entsetzen fast aus den Pantinen gekippt sein. Nach Augenzeugenberichten war ich so häßlich, daß man mich nicht zur Besichtigung freigegeben hat. Ich wurde auf einen Platz im Garten gefahren, welcher den schönen Namen Femgericht hatte. Zum besseren Verständnis: Unser Garten war in Wirklichkeit kein Garten im üblichen Sinne. Es war ein riesiger, etwas verwilderter Park. (Heute stehen dort vier Villen, und jede hat noch einen großen Garten.) In der hintersten Ecke war ein Jahrhunderte alter Baumbestand, in der Mitte stand ein großer Findling. Diesen Platz hatten wir »das Femgericht« getauft. Er war ziemlich weit weg vom Haus, und selbst wenn ich schrie, konnte man mich wahrscheinlich nicht hören. Dies haben mir meine Eltern selbst erzählt. So, das war erst einmal die Vorgeschichte.

Vor vierzehn Tagen überfiel mich eine gänzlich neue Art von Rückenschmerz, dem weder mit Einrenken, noch mit Spritzen beizukommen war. War auch an einer ganz anderen Stelle, und von Antaares hört man ja dann nur, ich muß

Geduld haben. Als irgendwann gar nichts mehr ging, verlor ich selbige und geriet in Panik. (Das Stadtfest stand vor der Tür!!) Eine Bekannte empfahl mir eine besondere Therapeutin. Die Dame bohrte in meiner Kindheit herum und ich erzählte ihr von meinem ersten Lebensjahr im Femgericht. Sie fiel vor Entsetzen fast vom Stuhl und meinte, ob ich nicht glauben könnte, daß das ein ungelöstes, schreckliches Seelentrauma sein könnte. Ich habe meine Eltern deswegen nie als Rabeneltern angesehen, ich würde auch nicht unbedingt nach einem so schönen ersten Kind ein Wechselbalg präsentieren. Sie meinte, ich sollte doch einmal darüber nachdenken, was ich pflichtschuldigst tat. Als dann Antaares mir die Erklärung gab, war ich so verdutzt, daß ich besagten, oben erwähnten Satz von mir gab.

»Es hört sich ja gewiß etwas seltsam an«, begann er seine Rede, »aber du bist ganz absichtlich mit dem Gesicht auf die Welt gekommen. Allerdings nicht, um deine Eltern zu ärgern, sondern weil du in deinem ersten Lebensjahr nicht unter Menschen sein wolltest, oder jedenfalls nicht mehr als unbedingt nötig. Siehst du, deine Schwester ist bewundert und gehätschelt worden, du weißt auch, daß das ihrem Charakter nicht gut getan hat. Auch wenn man glaubt, bei so einem kleinen Kind macht das nichts, es weiß es ganz genau, und wenn dann die Bewunderung nachläßt – «

»Du brauchst nicht weiter zu reden, ich weiß, wie sie ist«.

»Du mußtest vorbereitet werden auf eine andere Welt. Dort, unter den alten Bäumen warst du nie allein. Deine ersten Begleiter waren Baumgeister, Elfen, Wichtel, und ganz wichtig: Engel! Es waren deine ersten Lehrstunden, die dich befähigten, mit unserer Welt Kontakt aufzunehmen, mich zu verstehen und darüber zu schreiben.

Dann verlor sich die Häßlichkeit«, seine Stimme klang ziemlich amüsiert, »du wurdest jetzt richtig niedlich, aber in Wahrheit haben deine Eltern unbewußt den Schock nicht überwunden, für sie bliebst du das häßliche Entlein. Auch das war gut. So konnte sich weder Eitelkeit noch Hochmut in dir breitmachen. Und daß du sonst von niemandem Komplimente bekamst, dafür haben wir schon gesorgt.«

»Bä, wie gemein. Ich habe oft vorm Spiegel gestanden und mich gefragt, ob ich wirklich so aussehe, daß mich keiner mag. Das war manchmal ganz schön hart.«

»Nun, zum Ausgleich bekommst du es jetzt mehrmals am Tag vorgebetet. Und das nicht nur von deinem Mann. Jetzt kannst du doch zufrieden sein.«

Konnte ich wirklich. Denn jetzt, im Alter, erzählen mir die Leute, wie gut ich aussehe. Irgendwie verrückt, aber ich genieße es, wenn ich die Komplimente auch nicht so ganz ernst nehme.

Ich erzählte die Geschichte meinem Mann. Dabei fiel mir etwas ein: »Hör mal, als ich da draußen unter den Bäumen lag, warst du doch noch gar nicht geboren. Bist du da vielleicht schon als Engelchen in meinen Kinderwagen herumgeturnt?«

»Klar«, grinste er, »ich wollte damals schon unter deine Bettdecke, das war so kuschelig!«

Dies alles erzählte mir Antaares an einem Freitag. Normalerweise hätte ich es gleich aufgeschrieben, aber besondere Umstände verhinderten es. Samstag und Sonntag hatte ich solche Schmerzen, daß ich mich von meinem Platz auf dem Sofa nicht einmal zum Essen fortbewegen konnte. Montags war es erträglich und ich begab mich an den PC und schrieb die Geschichte auf. Als ich fertig war und aufstand, entfuhr mir noch einmal der oben erwähnte Satz. Denn die Schmerzen waren weg! Wenn ich ehrlich bin, eigentlich habe ich nicht wirklich begriffen, was da passiert ist.

Das Wunder des Gebets

Manchmal passiert etwas, was ich mit aller Gewalt nicht aufschreiben will. Ich wollte noch nicht einmal mit meinem Mann darüber sprechen, und das ist äußerst selten. Doch was ich will und was mein Engel will sind zwei Paar Schuhe.

Wir dampften fröhlich die Elbe herauf, als über Funk eine Durchsage an alle Schiffe kam. Wegen eines brennenden Sportbootes und vermißten Personen war die Elbe in dem betreffenden Abschnitt für die gesamte Schiffahrt gesperrt. Noch während der Durchsage fing ich an zu weinen. Mit einem dicken Kloß in der Kehle begann ich zu beten: »Lieber Gott, hilf den armen Menschen. Antaares, schick alle Engel hin, die du kriegen kannst. Und wenn jemand sterben muß, gib ihm trotz allem einen sanften Übergang in Begleitung eines Lichtengels.«

Die Durchsage der Sperrung kam im gleichen Wortlaut alle zwanzig Minuten. Ich betete die ganze Zeit, bis wir in den Elbe-Seiten-Kanal einliefen.

Am nächsten Morgen liefen wir in einen Hafen ein. Dort bekamen wir die Zeitung zu Gesicht, in der über das Unglück berichtet wurde. Die Gasflasche war explodiert, in wenigen Augenblicken stand das ganze Boot in Flammen. Die Leute mußten über Bord springen. Es waren ein achtjähriges Mädchen mit Vater und Großvater. Das kleine Mädchen war gerettet worden, der Großvater starb kurz nachdem er geborgen war und den Vater hatte man nicht finden können. Dort hatte die Elbe sehr starke Strömung. Es schüttelte mich, die Bilder zu sehen.

Bis zum Abend hatte ich das Geschehen erfolgreich verdrängt, wie ich meinte, aber mein Engel war wie üblich anderer Ansicht. Ich dachte über etwas völlig anderes nach, als sich seine Stimme sehr nachdrücklich in meinem Kopf meldete. Aber was er sagte, war so ungeheuerlich, daß ich es nicht akzeptieren konnte oder wollte.

»Dein Gebet hat das kleine Mädchen gerettet.«

Mehr kam nicht und ich war so vor den Kopf geschlagen, daß ich auch nichts mehr sagen konnte. Abends im Bett dachte ich, daß ich dies niemals erzählen würde, auch nicht meinem Mann. Das wiederum paßte Antaares nicht und er erklärte auch, warum er wollte, daß ich es aufschreiben sollte.

»Eigentlich solltest du inzwischen wissen, wie groß die Macht des Gebetes ist. Es aktiviert ungeheure Kräfte und wenn noch ein paar Menschen mehr so intensiv um Hilfe gebetet hätten wie du, wären die anderen auch gerettet worden. Zumindest mit großer Wahrscheinlichkeit. Aber alle, die es über den Funk hörten, sagten nur »wie schrecklich«, und die Berufsschiffer schimpften über die verlorene Zeit, die für sie bares Geld ist. Darum mußt du es aufschreiben, damit möglichst viele Leute es lesen und in einem solchen Fall mitbeten. Verstanden?«

Ich hatte verstanden, und so steht die Geschichte nun doch auf dem Papier. Auch wenn ich es absolut nicht wollte, aber man hat ja gegen einen Engel keine Chance.

»Wenn du das man einsiehst!«

Da hatte mein Engel einmal das letzte Wort.

Mit halber Fahrt, wir nennen es Schleichfahrt, dampften wir durch den Elbe-Seiten-Kanal, genannt Heide-Suez. Es war noch früh am Morgen, was heißt früh, im Urlaub ist zehn Uhr eben noch früh. Es war schon August und die Sonne knallte nicht mehr so vom Himmel wie an den Tagen vorher. Der Kanal führt abwechselnd durch Wald, Kornfelder und Heide. An manchen Stellen gibt es einen wunderbaren Ausblick. Da ist im Hintergrund der dunkle Wald, davor ein abgeerntetes Feld, das in der Sonne noch golden schimmert.

Eine gemähte Wiese mit den runden Heuballen. Das Licht so sanft, ich wußte nicht warum, aber mir kamen die Tränen, so schön war es.

»Es wird Herbst, bald ist wieder ein Jahr herum, ein Jahr weniger bis zu meinem ersehnten Ziel!«

Stop! WAS hatte ich da eben gedacht? Bin ich jetzt völlig übergeschnappt? Ich habe doch beim besten Willen keine Todessehnsucht.

»Antaares, was ist los? Warum denke ich so etwas Blödes?«

»Warum du dich immer gleich aufregst, wenn einmal etwas anders ist, weiß ich wirklich nicht. Wann wirst du dich daran gewöhnen? Es ist doch so, daß dein Tagesbewußtsein nur wenig mit dem, was in deiner Seele vorgeht, gemeinsam hat. Der Anblick eben hat deine Seele an die himmlischen Gärten erinnert, wo sie Zuhause ist. Da ist eben das Heimweh so stark geworden, das es das Tagesbewußtsein überlagert, sozusagen ausgetrickst hat. Wie war das mit dem Bussard, dem du nachgeschaut hast? Das war doch das gleiche Gefühl, erinnerst du dich?«

Es war das gleiche Gefühl gewesen.

Zuhause angekommen las ich einige Tage später den genauen Hergang des Unglücks. Das kleine Mädchen war von dem Skipper eines anderen Bootes gerettet worden, das in der Nähe war.

»Also, Antaares, dann war ich das doch gar nicht. Der Mann hat sein Leben aufs Spiel gesetzt, als er in die Elbe sprang, die dort so eine gefährliche Strömung hat. Was hatte ich damit zu tun?«

»Mach die Augen zu, ich zeige es dir.«

Ich schloß die Augen und sah folgendes Bild: Ein Mann stand an der Reling eines Bootes, plötzlich kamen von allen Seiten goldene Lichtpunkte auf ihn zu und hüllten ihn ein. Aufeinmal machte es »Schlupp« und alle Lichtpunkte schossen in seinen Körper. Im selben Augenblick sprang er ins Wasser.

»Die Lichtpunkte waren die Energie, die von deinen Gebeten zu ihm kamen, gelenkt von dem Engel des Mannes. Als die Energie stark genug war, konnte er den Mut aufbringen zu springen. Dadurch hatte er auch die Kraft, durch die Strömung das Mädchen zu erreichen. Alles klar?«

»Alles klar«, sagte ich, das war ja wirklich leicht zu verstehen. Dann hatte mich mal wieder der Neckteufel beim Wickel und ich schloß mit den Worten, die im internationalen Funkverkehr bei Beendigung eines Gespräches üblich sind: »Over and out!«

Wenn ich gedacht hatte, meinen Engel zu verblüffen, hatte ich mich getäuscht.

»Roger!« kam es cool zurück.

Mein innerer Mensch

»Lieber Antaares, ich habe immer geglaubt, mit zunehmendem Alter würde ein Mensch ruhiger, vernünftiger oder weiser. Ich bin nun bald siebzig Jahre, aber mein innerer Mensch will weder ruhiger und vernünftiger, geschweige denn weiser werden. Es ärgert mich, daß ich nicht mehr Skifahren kann, das heißt, ich kann es wohl, aber die Bemerkung von meinem Hausarzt nach einem Sturz ist mir so richtig »auf den Keks« gegangen. Wenn so ein altes Gebälk wie deines einen Stoß kriegt, dauert es eben so lange bis es heilt, wenn es das denn überhaupt tut, hatte er gesagt. Und wenn man erst Angst vorm Fallen hat, sollte man nicht mehr Skifahren.

Für meinen Mann und mich gab es kein größeres Vergnügen als Skifahren. Jeder Tag in dreitausend Metern Höhe war ein neues Fest. Abends bedichtete ich den Tag, weil einfache Prosa mir nicht reichte, um meine Freude auszudrücken. Das las sich dann so:

In den Bergen
Mausknöcheltiefer Pulverschnee,
Im Tale schimmert grün ein See.
Es funkelt diamantengleich
In der Berge Zauberreich.
Gletscher wie Smaragdgestein
Blenden uns im Sonnenschein.
Schneefahnen über Gipfel zieh'n,
Gleiten wie Engelsboten dahin.
Kalter Wind durch Mark und Bein
Stört uns nicht, das muß so sein.
Wenn die Skier zu Tale rauschen,
Woll'n wir mit keinem König tauschen.

Winter
Der Herrgott hat in uns'rer Welt
Die schönsten Berge aufgestellt.
Dann hat er den Schnee gemacht
Und der Mensch die Ski erdacht.
Über strahlend weiße Hänge
Gleiten glücklich wir dahin.
In den Herzen Lobgesänge
Und ein leichter, froher Sinn.
Da breitet sich die Seele aus,
Verströmt im All der Liebe.
Schwingt sich in lichte Höhen auf
Und wünscht, daß sie dort bliebe.
Ich erfühl' in solchen Tagen
Ein Zipfelchen der Ewigkeit.
Stets will ich es im Herzen tragen,
Es tröste mich in künft'gen Leid.

Zwar habe ich jetzt kein Leid, aber der Kummer, dies nie mehr erleben zu können, nagt doch an meiner Gemütsverfassung.

Im Kirschbaum herumklettern oder mit dem Fahrrad ein bißchen Kamikazefahren, daß das nicht mehr geht, kann ich schon eher verkraften. Aber warum kann ich es nicht in Ruhe und Vernunft hinnehmen? Ich fühle mich innerlich so wie vor fünfzig Jahren, habe an den gleichen Dingen Freude und ärgere mich über dieselben Sachen. Wann werde ich mich denn alt fühlen?«

»Wahrscheinlich überhaupt nicht. Dein innerer Mensch ist so jung wie das Universum und so alt wie Gott, oder umgekehrt. Es ist deine Seele, die niemals alt wird. Als das Universum wurde, wurdest du, als Gott liebte, wurdest du, du wirst immer und ewig eine unwandelbare Einheit mit Gott sein.

Wenn dein Körper verbraucht ist, alt und schwach wird, hat das nichts mit dir als Seele zu tun. Körperliche Tätigkeiten wie du sie bevorzugt hast, sind nicht mehr wichtig, im Vordergrund muß jetzt eine Bewußtseinserweiterung stehen. Könntest du einmal darüber nachdenken?«

Nachdenken! Ich mußte lachen. Als ich einmal über irgend etwas nachgrübelte, muß ich ein sehr dummes Gesicht dabei gemacht haben, denn mein Mann fragte mich: »Was ist los, du guckst so dämlich?«

Ich: »Laß mich in Ruhe, ich denke nach.«

Er: »Womit?«

Darüber mußte ich so lachen, daß ich vergaß, worüber ich nachgrübelte.

Seitdem braucht nur einer von uns das Wort »nachdenken« zu benutzen, sofort kommt von dem anderen die Frage »womit?«

Ist man schnell genug, sagt man nach dem Wort nachdenken: »Sagen Sie jetzt bitte nichts«, frei nach Loriot mit der Nudel auf der Nase.

»Manchmal ist es wirklich schwer, mit dir vernünftig zu reden.«

»Sag' ich doch die ganze Zeit, werde ich also nie vernünftig?«

»Manchmal bist du so vernünftig, daß ich staune. Du bist schon eine komische Mischung, langweilig ist es mit dir nie.«

»Soll das ein Kompliment sein? Wenn ja, gebe ich es gern zurück, ich langweile mich mit dir auch nicht. Aber was ich möchte, ist, etwas abgeklärter werden und alle Dinge mit mehr Abstand sehen. Werde ich so alt werden, daß das noch klappt?«

»Sagen wir mal so: Man soll die Hoffnung nie aufgeben, sprechen wir in ungefähr zwanzig Jahren noch einmal darüber.«

Bier und Bewußtseinserweiterung

Einige Wochen vor dem jährlichen Stadtfest starb ganz überraschend ein lieber Freund, der mit seiner Frau jedes Jahr mit uns gefeiert hatte. Zwei Tage nach seinem Tod meldete er sich bei mir. Mit Verzweiflung in der Stimme, die mir das Herz zerriß, rief er immer wieder: »Sag ihr, daß ich lebe!«

Ich konnte es seiner Frau nicht sagen und versuchte, ihm klar zu machen, wie makaber es sei, dies zu jemandem zu sagen, der am offenen Sarge steht. Vor allen Dingen, weil ich wußte, daß sich beide nie mit spirituellen Dimensionen beschäftigt hatten. Was hätte es ihr auch genützt, das zu erfahren, sie mußte ja mit dem Alleinsein fertig werden. So feierten wir denn seit dreißig Jahren zum ersten Mal ohne die beiden.

Als der Fackelzug vom Berge in die Stadt zog, gingen mein Mann und ich in der Mitte des Zuges. Plötzlich deutete mein Mann nach vorn und dann hinter uns: »Siehst du das? Was bedeutet das?«

Ich sah mich um. Alle andern marschierten dicht nebeneinander, um uns beide war niemand mehr. Wir gingen in einem Umkreis von etwa fünf Metern ganz allein.

»Verstehe ich nicht«, sagte ich, »so stark kann doch unsere Ausstrahlung nicht sein, daß sich niemand in unsere Nähe traut.«

Es blieb aber so, bis wir im Tal ankamen und alle sich auf dem Platz verteilten.

Abends fragte ich natürlich Antaares, was da los gewesen sei.

»Von wegen – keiner da. Der Platz um euch war so gerammelt voll, da konnte sonst keiner mehr hin. Euer Freund war auch dabei und alle die, die vor euch mitmarschiert sind. Dieses Fest und dieser Fackelzug haben, wie du weißt, seit über fünfhundert Jahren Tradition in eurer Stadt, es sind noch viele in Erdnähe, die sich erinnern. Euer Freund hatte sie alle um sich versammelt, um euch zu begleiten.«

Ich sprach ihn in der folgenden Nacht an. Ob er es inzwischen verstanden hätte, daß ich seiner Frau nichts gesagt hatte.

»Ja, ich weiß es jetzt. Aber versteh doch, ich hatte ja keine Ahnung, was mir passiert ist. Ich war irgendwo im Dunkeln und hörte sie immer nur weinen. Ich fühlte ihren ganzen Jammer, hörte ihre Worte, ich sei tot, ich war es aber doch nicht. Ich wollte nur, daß sie aufhört zu weinen und nicht mehr so unglücklich ist.«

Ich fragte ihn, ob er Licht sehen könnte. Er sagte, ganz in der Ferne könne er Gestalten sehen, aber kein Licht. Er könne auch nicht zu ihnen hingehen, es zöge ihn so stark in eine andere Richtung. Ich versprach, ihm einen Engel zu schicken, damit der ihm zeige, wo das Licht ist, zu dem er gehen müßte.

Am Morgen dachte ich darüber nach, warum ich ihn nicht nach dem Fackelzug gefragt hatte, fand aber keinen einleuchtenden Grund. Es ist wohl so, daß irdische Dinge doch nicht mehr so wichtig sind.

Am nächsten Tag war Platzkonzert. Man trifft viele alte Bekannte, die man lange nicht mehr gesehen hat, bis zum Nachmittag hat man schon einige Bierchen getrunken und ist sehr fröhlich.

Ich stand mit meinen Mann an der Bierbude und kam mit einer jungen Frau ins Gespräch. Ich kannte sie nicht und sie mich auch nicht. Zwei Minuten später legte ich den Kopf auf die Theke und versuchte, meiner Erschütterung Herr zu werden. Erzählt mir diese junge Frau wirklich und wahrhaftig, daß es um mich herum so flimmere, es ginge ganz hoch über mich hinaus. Sie wußte nichts von meinem Engel, kannte weder mich, noch meine Bücher. Natürlich sprachen wir den Rest des Abends nur über Engel. Als mein Mann sie spontan einmal in den Arm nahm, schnappte sie nach Luft und stotterte: »Was ist denn nun mit mir los, mir wird ganz komisch, schwebe ich denn?«

»Ach,« sagte ich ganz lässig, »das ist eben so, wenn man von einem Engel umarmt wird.«

Es war ein herrlicher Abend.

Zwei Tage später hatte ich einen Termin bei meinem Heilpraktiker.

So verrückt es klingt, es hatte noch ein Mensch meinen Engel gesehen. Ich hatte nur ganz kurz mit jemandem geredet, die auch seine Patientin war. Ich hätte so unwahrscheinlich geleuchtet, hatte sie ihm erzählt.

»Die hat auch meinen Engel gesehen«, sagte ich, der junge Mann hüllte sich jedoch in Schweigen.

So, und jetzt kommt noch der letzte Hammer. Es hatte mir einmal jemand erklärt, wenn man eine Bewußtseinserweiterung erfährt, schält sich die Haut von den Füßen und man bekommt eine neue. Ich hatte das nicht so ganz ernst genommen, machte aber am Abend, als das Fest nach drei Tagen zu Ende war ein dummes Gesicht, als ich mir nach dem Duschen die Füße abtrocknete und meine Haut sich in Fetzen ablöste.

Ich kann mir nicht helfen, kann das denn zusammenpassen, drei Tage feiern und Bier trinken und dann eine Bewußtseinserweiterung? Irgend etwas ist jedenfalls anders gewesen, denn ich hatte die ganzen drei Tage das Gefühl, nicht ganz auf der Erde zu sein. Es war geradezu traumhaft schön.

»Fand ich auch!« sagte mein Engel.

Der Reisepaß

Ich telefonierte mit einer Bekannten. Sie war sehr aufgeregt, weil sie seit zwei Tagen ihren Reisepaß suchte und ihre Maschine am nächsten Tag in die dominikanische Republik abging. Ich versuchte ihr zu erklären, daß womöglich ihr Engel verhinderte, daß sie abflog, man weiß ja heute nie, was passiert. Das ließ sie nicht gelten. Es war eine Reisegruppe, bei der ihr Freund Reiseleiter war. Ich dachte einen Augenblick nach.

»Antaares, was soll man tun?«

Dann gab ich weiter, was ich gefühlsmäßig übermittelt bekam.

»Setzen Sie sich fünf Minuten hin und meditieren Sie in aller Ruhe, dann bitten Sie Ihren Engel, Ihnen zu helfen.«

»Ich kann doch gar nicht meditieren, habe ich noch nie gemacht.«

»Dann nehmen Sie das Jesusgebet. Setzen Sie sich hin und sprechen Sie es mehrmals vor sich hin.«

»Wie geht denn das Jesusgebet?«

»Es heißt: ›Jesus, du Sohn Gottes, erbarme dich meiner‹.«

»Moment, das muß ich mir aufschreiben. So jetzt hab' ich es. Ich rufe Sie an, wenn ich meinen Reisepaß gefunden habe.«

Zwei Minuten später ruft sie an, völlig »von der Rolle«.

»Können Sie sich das vorstellen? Das Aufschreiben hat schon genügt. Ich habe ihn sofort gefunden. Ich fasse es nicht!«

Ich wünschte ihr eine gute Reise und freute mich. Dann fiel mir ein, ob da nicht Antaares mitgemischt hatte.

»Antaares, bist du fix dahin gesaust und hast ihn ihr gezeigt?«

»War gar nicht nötig, ihr Engel ist durch das Gebet aktiviert worden und konnte ihn ihr zeigen.«

Und das fand ich richtig toll.

»Ich auch«, sagte mein Engel.

Vier Engel

Als wir noch kein Boot hatten, machten wir Urlaub mit Fahrrad und Zelt. Unterwegs machte ich mir Notizen und arbeitete Zuhause alles schön aus. Heraus kam ein Buch mit Urlaubsabenteuern, an denen die Familie und alle Freunde viel Spaß hatten. Zwar glaubte ich damals schon, daß es Schutzengel gab, aber das war auch alles. Wenn ich heute für jemanden bete und ihm Engel schicke, so bitte ich immer um einen Engel, der in der momentanen Situation am besten helfen kann. Zum Beispiel einem Kranken einen Heil-Engel, einem Traurigen den Engel der Freude, einem Hoffnungslosen einen Engel der Hoffnung, einem verängstigten Menschen den Engel der Zuversicht usw. Als ich heute früh einem Kranken einen Heil-Engel schickte, fiel mir eine Stelle aus dem Urlaubsbuch ein. Darin kommen vier Engel vor, die ich einfach für hilfsbereite Menschen hielt. Vielleicht waren es auch nur Menschen, aber nachdem ich meinen Antaares einmal als Tankwart erlebt habe, (siehe: »Mein Engel und ich«, Kap. »Kein Öl, Moses?«) halte ich alles für möglich. Aber lesen Sie die Geschichte erst einmal selbst:

... Am nächsten Morgen rollen wir in Richtung Speyer. Strahlende Sonne läßt die kilometerlangen Sonnenblumenfelder leuchten wie Gold. Ganz einsam ist es. Wir kommen uns vor, als seien wir allein auf der Welt. Alles, was wir hören, ist das leise Singen der Reifen auf dem Asphalt und das Zwitschern der Vögel. Wir genießen die Stille und die Einsamkeit, bis wir an eine Kreuzung kommen, wo gleich drei Pfade abzweigen. »Jetzt müßte ein guter Engel kommen und uns den Weg zeigen«, seufze ich.

»Da kommt schon einer«, sagt Heinz. Der Radfahrer zeigt uns den Weg zum Rheindamm und begleitet uns ein Stück. Ich sagte, das sei unser Wege-Engel.

Der nächste Radfahrer ist sehr schnell, er holt uns ein, doch ehe wir ihn sehen, hören wir ihn lachen.

»Das gibt es doch nicht! Zwei aus der Nachbarschaft!«

Wir hatten natürlich den Namen unserer Heimatstadt auf dem Hänger stehen, gleich unter dem Schild »Long Vehicle«, was allen uns überholenden Autofahrern ein Grinsen entlockte.

Der Mann kam aus einem Nachbardorf und wir fanden sogar gemeinsame Bekannte. Er fuhr mit uns auf dem kürzesten und bequemsten Weg zum Dom. Ich nannte ihn den Dom-Engel.

Der Dom zu Speyer! Soviel hatte ich schon darüber gehört und gelesen. Andächtig traten wir ein. Die Atmosphäre wirkte so stark auf mich, daß sich mir die Haare aufstellten. Während der ganzen Zeit im Dom behielt ich ein Kribbeln im Nacken und einen leichten Schauder. Ich fühlte die gewaltige Vergangenheit dieses Gotteshauses so stark, daß ich mich nicht gewundert hätte, wenn einer der deutschen Kaiser mit samt seinem Gefolge aufgetaucht wäre.

Zwischen Speyer und Otterstadt sollte ein Zeltplatz sein. Es war schon nach achtzehn Uhr, als wir von der Straße aus so etwas wie einen Zeltplatz sahen. Nur eine Einfahrt oder ein Hinweisschild, das fanden wir nicht. Es war warm und windstill, die Mücken entwickelten wieder einen guten Appetit. Auch hatten wir nichts mehr zu trinken. Und kein Mensch in der Nähe. Ich setzte zu einem Seufzer nach dem nächsten Engel an, da radelte schon einer um die Ecke. Wir erfuhren, daß dies kein öffentlicher Platz war, sondern Clubeigentum.

»Macht nichts, sagen Sie uns nur, wo wir jetzt noch eine Flasche Wein kaufen können, dann suchen wir uns irgendwo ein stilles Eckchen.«

»Tja, zum Einkaufen ist es schon zu spät, hier machen sie um sechs Uhr zu. Was wollt ihr für Wein, weiß, rot, trocken oder süß?«

»Weiß und trocken«, platze ich heraus. Heinz guckt mich strafend an, aber der Mann ist schon weg und ruft nur noch zurück: »Bin gleich wieder da, fahrt man hier lang!«

Er kommt zurück und bringt eine Literflasche »Friesenheimer Gerümpel«, Korken schon gezogen, Flasche beschlagen. Er wehrt Geld und Dank ab, zeigt uns noch mal die Richtung für unser stilles Eckchen und verschwindet. Das war unser Wein-Engel.

Dann kam der Platz-Engel. Das war ein Mann, den wir auf diesem Wege trafen, dem ein Grundstück an einem Baggersee gehörte. Er führte uns dorthin.

Zelt aufschlagen, Klamotten herunter und hinein in den See. Es war so einsam, Badeanzug war nicht vonnöten.

Wir sind wieder einmal allein auf der Welt, sitzen vor dem Zelt und trinken den köstlichen, kühlen Wein. Der See schimmert rosig im Abendlicht, eine frische Brise vertreibt die Mücken. Eine Entenmutter mit Nachwuchs paddelt vorbei. Es ist ganz still. ...

Ich hatte mir damals absolut nichts dabei gedacht, solche Bezeichnungen für die Menschen zu finden. Heute morgen fragte ich Antaares: »Solltest du das vielleicht in vierfacher Ausführung gewesen sein?«

»Ich glaube, jetzt sind sie mit dir durchgegangen!«

»Wieso? Du bist ja auch Tankwart gewesen. Aber nein, geht ja nicht, ich habe ja keinen Schimmer, wer mein Engel damals war. Sag' mir doch, waren das Menschen oder doch Engel? Und dann gleich vier an der Zahl?«

»Du sollst mir nicht immer Löcher in den Bauch fragen«, es klang fast ärgerlich, »ich weiß es nicht, ich war ja nicht dabei!«

»Entschuldigung, ich wollte dich wirklich nicht ärgern, ich wollte es doch nur wissen.«

»Das fällt dir nach zwanzig Jahren ein, ich fasse es nicht. Wollen wir uns mal so einigen, dein Engel hat damals dafür gesorgt, daß immer ein netter, hilfsbereiter Mensch zur Stelle war, wenn es nötig war. Einverstanden?«

»Dann hat mein Engel auch dafür gesorgt, daß wir eine Flasche Wein bekamen, das ist einfach wunderbar. Wenn du ihn drüben einmal triffst, sag ihm ein Dankeschön, ich weiß, ich habe mich damals nicht bedankt.«

»Mach' ich«, sagte mein Engel, und damit war der Friede wieder hergestellt.

Hellinger

Ich hatte meinen Mittagsschlaf beendet und war auf dem Weg ins Wohnzimmer um eine Zigarette zu rauchen, auf halber Strecke hörte ich meinen Engel: »Nichts da, es gibt jetzt keine Zigarette. Du wirst schreiben.«

Das war eindeutig ein Befehl und auf Befehle reagiere ich allergisch. Mein Mann nennt das aufmüpfig, meine Eltern nannten es meinen Dickkopf, meine Lehrer sagten, ich sei stur wie ein Maulesel. Meine Mutter erzählte mir, in meinem ersten Schuljahr sei die Lehrerin zu ihr gekommen und habe ganz verzweifelt gefragt, was sie mit mir tun solle, ich gehorchte absolut nicht. Mutter sagte, ich weiß den Satz noch wortwörtlich: »Sehen Sie zu, daß das Kind Sie lieb gewinnt, dann können Sie es um den Finger wickeln.«

Die Lehrerin hat es wohl geschafft, mit ihr gab es dann keine Probleme mehr. Ich habe meinen Engel so lieb, ich sage ihm das auch jeden Tag, aber den Tonfall bin ich nicht gewöhnt.

»Ich habe meinen Grund, daß ich dich an den PC schicke. Du weißt selbst, wie lange du schon um das Thema, was jetzt ansteht, herumschleichst, wie die Katze um den heißen Brei. Sitzt du erst in der Stube mit einem Buch unter der Nase und einer Zigarette, kommst du doch heute wieder nicht dazu. Ich kenne dich doch.«

Ich machte also gehorsam auf dem Absatz kehrt und ging ins Büro hinunter.

Er hat ja Recht, ich habe keine Lust, diese verzwickte Sache aufzudröseln. Es ist nämlich so, daß ich eine Familienaufstellung nach Hellinger gemacht habe und darüber, was sich da abgespielt hat, wollte ich wirklich nichts schreiben. Stellen Sie sich bitte vor, das Ganze ging von morgens halb zehn bis abends um neun. Was davon ist wichtig, was soll ich weglassen? Soll ich die reine Wahrheit schreiben oder traut sich dann womöglich kein Mensch an die so heilsame Therapie heran?

»Du weißt genau, daß ich dir helfen werde, das Richtige zu schreiben. Außerdem ist es lange nicht für alle so schlimm, wie es dir vorgekommen ist. Es sind nicht alle so empfindliche Seelchen, wie du es bist. Keiner von den anderen Teilnehmern hat es so hart empfunden wie du.«

»Das glaube ich nicht. Ich denke an die Frau, die sich auf dem Boden mit jemandem geprügelt hat, meine Güte, war das dramatisch.«

»Wieso ist eine Schlägerei dramatisch? Es half ihr, zu erkennen, was ihr in ihrer Jugend widerfahren ist, was sie völlig verdrängt hat. Aber gerade diese Verdrängung macht ja ihre jetzigen Leiden aus, mit denen sie nicht leben kann. Von jetzt an wird es immer besser werden, wenn sie das Ganze noch einmal macht, vielleicht sogar geheilt sein. Und nun fang mit dir selber an.«

Es war für mich eine Orgie der Heulerei. Die Gastgeberin mußte dauernd neue Pakete Tempotaschentücher bringen, weil ich alle, die ich mit hatte, schon in der ersten Stunde naß geschluchzt hatte. In weiser Voraussicht hatte ich auch die neue, wasserfeste Wimperntusche genommen, damit mir die schwarze Brühe nicht übers Gesicht lief. Merken Sie was? Ich gehe wirklich wie die Katze um den heißen Brei um den Kern der Sache herum.

Aber es hilft ja nichts, was sein muß, muß sein.

Mir wurde gesagt, ich sei nicht im Gleichgewicht von Ying und Yang, (Ich nehme an, meine Leser wissen, was damit gemeint ist) und zwar, weil ich mich innerlich von meiner Sippe gelöst hätte. Die entsprechenden Familienmitglieder wurden dann aufgestellt und es ging los. Hauptfrage: Was gibt dir das Recht, dich über deine Sippe zu erheben? Auf einmal gingen sie alle vor mir in die Knie und ich sah auf sie herunter. Ob das wohl in Ordnung sei? Natürlich nicht und ich fühlte mich miserabel. Das Ende vom Liede war, daß ich platt auf dem Bauch vor meiner Sippe lag und mir alles anhören mußte, was sie an mir geärgert hat. Wohlgemerkt, bis auf meine Schwester waren ja alle schon verstorben. Das heißt, daß sie drüben immer noch sauer auf mich sind. Dann kam auch noch mein Exverlobter ins Spiel und warf mir Kälte und Hochmut vor. Noch während er sprach, knickte er mit einem Stöhnen zusammen und sagte, er hielte es vor Rückenschmerzen nicht aus. Man mußte einen Stuhl für ihn hinstellen und er hockte in der selben Haltung da, wie ich sie habe, wenn die Rückenschmerzen zu schlimm sind.

Inzwischen war für mich kein Unterschied mehr zwischen den Personen, die meine Familie darstellten und der Familie selbst. Es war ziemlich hart, denn ich sollte schließlich einsehen, daß alles richtig war, was sie sagten. Und daß sie genau die richtige Familie für mich war und ich sie liebte. Als ich das endlich ausgesprochen hatte, alle umarmt und um Vergebung gebeten hatte, waren die Rückenschmerzen bei meinem Exverlobten weg. Ob Sie es glauben oder nicht, seitdem habe ich keine Rückenschmerzen mehr gehabt.

Das war die Hauptsache von allem. Es kam noch ein Thema zur Sprache, was mich sehr erstaunte. Es war die Karina Silberweg, die sich bitter bei mir beschwerte, daß ich mich hinter schützende Mauern verkroch und sie in die Welt hinausschickte. Da konnte ich ihr nun wirklich nicht helfen. Erstens war es auf Anraten meines Engels geschehen, unter einem Pseudonym zu schreiben und das war nun einmal geschehen. Ich mußte versprechen, es nicht mehr abzuleugnen, wenn ich darauf angesprochen werde. Das habe ich getan.

Wer nun noch nie von der Familienaufstellung nach Bert Hellinger gehört hat, wird jetzt ziemlich verstört sein. Ich kann aber hier unmöglich die ganze Prozedur richtig erklären, weil ich auch noch nicht dahinter gekommen bin, wieso das funktioniert. Es war aber so, daß mir vor fast drei

Jahren das erste Mal davon berichtet und mir empfohlen wurde. Ich hielt nichts davon. Aber von da an wurde mir, wohin ich auch kam, davon erzählt. Langsam wurde ich neugierig. Da ich aber keine Ahnung hatte, wie es anzustellen sei, den richtigen Therapeuten zu finden, unternahm ich nichts. Dafür tat es dann mein Engel. Bei einer anderen Veranstaltung war eine solche Therapeutin anwesend, und ich hörte, daß in zwei Wochen eine Aufstellung stattfinden sollte. Ich meldete mich an und erfuhr, daß schon alles besetzt sei. Nur wenn jemand absagen sollte, würde man mir Bescheid geben.

Sie wundern sich sicher nicht, daß nicht nur einer, sondern gleich drei Leute abgesagt hatten. So kam also dies Abenteuer auf mich zu. Wer sich genauer informieren will, in jeder Buchhandlung kann man Literatur darüber haben, in Esoterikläden ist alles immer vorhanden. Jeder sollte sich vorher darüber klar sein, daß es keine leichte Therapie ist. Wenn aber jemand ein Leiden hat, sei es seelischer oder körperlicher Art, dem kein Arzt mehr helfen kann, und der nicht gewillt ist, den Rest seines irdischen Daseins damit zu verbringen, dem kann ich es nur empfehlen.

»Lieber Antaares, ich hoffe, daß du nun mit mir zufrieden bist. Aber meinst du nicht, wenn du etwas freundlicher gesagt hättest, ich soll schreiben, daß ich es nicht auch getan hätte?«

»Mit Sicherheit nicht. Du hättest versucht, eine ausgiebige Diskussion zu führen, wie du es bewerkstelligen solltest. Du jammerst mir ja seit einigen Wochen schon vor, daß du es nicht kannst oder nicht willst. Aber natürlich, wenn man selbst nicht so gut dabei weg kommt, spielt die Eitelkeit eine Rolle.«

»Das ist nicht wahr, aber ich habe mich geschämt, daß ich meiner Familie gegenüber so überheblich war. Es ist mir nur vorher nicht bewußt gewesen. Ist das Eitelkeit?«

»Was denn sonst? Wenn man keinen Fleck auf der weißen Weste zugeben kann? Wenn man immer die Liebe und die Gute sein will?«

»Noch ein bißchen davon und ich fange an zu heulen. Was soll das heute?«

Ich konnte nicht mehr weiterschreiben und wartete die nächste Antwort gar nicht mehr ab. In einer ruhigen Stunde fragte ich ihn, warum er so hart mit mir umgesprungen war.

»Ich weiß, ein Engel sollte weder ungeduldig noch ärgerlich werden, aber du hattest mich auf eine harte Probe gestellt, weil du mit aller Gewalt nicht an dieses Thema dran wolltest. Dabei ist es so wichtig, daß die Menschen erfahren, wo man Hilfe finden kann. Und nur, weil du nicht so gut dabei wegkommst, stellst du dich quer. Nun ist ja alles gut, wollen wir uns wieder vertragen?«

Und wie ich das wollte! Wenn mein Engel böse auf mich ist, ist das Leben kaum zu ertragen.

»Auch wenn ich schimpfe, vergiß nie, daß ich dich liebe.«

Ganz gewiß nicht!

Natürlich klappte es nicht, daß mein Rücken nicht mehr verrückt spielte. Zwei Wochen später ging das ganze Theater wieder los. Ich hatte inzwischen eine neue Tablettensorte, die mir half. Aber damit war das Problem ja nicht gelöst. Ich hatte seitdem an jedem Morgen die magischen Worte gesagt, die die Schmerzen bei dem Darsteller meines Exverlobten beendet hatten. Als es mit den Schmerzen wieder losgegangen war, hatte ich sie an dem Tag nicht ausgesprochen. Sollte es daran liegen? Ich war also ins Bett gekrochen, hatte gebetet und auch wieder meine Sippe angesprochen. Es nützte nichts. Da platzte mir der Kragen!

»Mein ganzes Leben lang war ich für euch da, alles habe ich getan, damit es euch gut ging. Erst seit ihr von dieser Welt gegangen seid, fühle ich mich als die, die ich bin, und nicht als die, die ihr haben wolltet. Was wollt ihr noch von mir? Reicht euch das alles noch nicht? Warum geht ihr nicht ins Licht, wohin ihr gehört? Wendet euch von mir ab, den Engeln zu, die an eurer Seite stehen und euch führen wollen!

Lieber Vater im Himmel, schick meiner Sippe noch einen Engel, auf den sie hören, den sie sehen können. Bitte!«

Dies, und noch einiges mehr dachte ich so laut ich konnte, ich hoffte auf Zuspruch von Antaares und der kam auch: »Endlich machst du Nägel mit Köpfen und wehrst dich. Vorher hast du es nie gekonnt. Schimpf mit ihnen, sag ihnen endlich deine Meinung. Als sie noch bei dir lebten und gelegentlich mit dir »den Fußboden aufwischten« hast du dich ständig kleinkriegen lassen. Du weißt, daß mir manchmal die Haare zu Berge gestanden haben. Nun hast du es begriffen, wehre dich, wehre dich nachdrücklich. Jetzt haben sie kein Recht mehr auf dich!«

Als ich diese Worte hörte, brach ich in Freudenschreie aus. Mein Mann sah verdutzt von seiner Computerarbeit zu mir herüber. Als ich ihm vorlas, was Antaares mir eben übermittelt hatte, war ihm klar, warum ich so gejubelt hatte.

Sollte mir jetzt jemand wieder in den Rücken treten, werde ich weder beten noch um Gnade winseln, sondern zurücktreten in Worten und Gedanken. Jetzt kann ich es und darf es auch. Hurra!!

Ich grübelte lange über alles nach. Warum mußte ich mich bei der Aufstellung so demütigen? Wenn ich mich in Wirklichkeit wehren sollte? Für meine Begriffe stimmte dann gar nichts mehr. Ich bat Antaares um eine Erklärung, er gab sie mir: »Erinnerst du dich an die Auseinandersetzung mit deinem Schwiegervater vor dreißig Jahren? Er hat dir eine Stunde lang die schlimmsten Beleidigungen an den Kopf geworfen in seinem Zorn. Du hast dir das ruhig angehört, nichts konnte dich wirklich treffen, denn ich hatte dir einen seelischen Regenmantel umgelegt, daran lief alles ab. Anschließend hast du gefragt, ob er sich jetzt besser fühle, nachdem er alles herausgelassen habe. Daß du so ruhig bliebst und auch noch freundlich besorgt gefragt hattest, hat ihn nur noch wütender gemacht. In deiner Familie hat sich im Laufe deines Lebens soviel Unmut über dich angesammelt, daß es kaum zu ertragen war. Es lag daran, daß sie dir in Wahrheit nicht beikommen konnten. Sie haben versucht, dich so zu formen, wie sie dich haben wollten, das ist ihnen aber nicht gelungen. Deine Art, deine Einstellung, besonders dein Glaube, alles war ihnen ein Dorn im Auge. Dann mußte deine Mutter auch noch dankbar sein für deine Pflege, dein Vater auch. Wenn sie nun Gelegenheit hatten, dir alles unter die Nase zu reiben und du dich nicht gebeugt hättest, wären sie noch ärgerlicher geworden. Sie hatten ihr Erfolgserlebnis, sie sahen dich am Boden. Jetzt sind sie hoffentlich in der Lage, sich umzuwenden und dich loszulassen. Wenn sie merken, es wirkt nicht mehr, hören sie von allein auf. Du bist frei, fühle es.«

Erst mal fühlte ich gar nichts. War mir im Moment auch egal, Hauptsache die vermaledeiten Rückenschmerzen wurden besser.

Putztag! Morgens im Bett gruselte es mir schon davor. Durch tagelange Hitze hatte ich nichts tun können, sondern nur wie ein nasser Lappen auf dem Sofa herumgehangen. Die Staubmäuse krümelten sich vergnügt auf dem Parkett, und alles hatte eine leicht gräuliche Färbung angenommen vom Staub. Widerwillig stürzte ich mich in den Kampf. Die Spinnen hatten wohl geglaubt, wir wären ausgezogen und hatten das Haus mit Beschlag belegt. Das ist eben so, wenn man am Wald wohnt. Ich hatte das Bad fertig und war im Schlafzimmer mit dem Staubsauger unterwegs, als ich plötzlich innehielt. Da war doch irgend etwas anders als sonst? Ich machte weiter und beobachtete mich selbst dabei. Und staunte. Anstatt wie sonst eilig und mit Kraftaufwand den schweren Staubsauger durchs Zimmer zu manövrieren, arbeitete ich quasi in Zeitlupe. Langsame, gleichmäßige Bewegungen, keine Hektik, sondern Ruhe und Entspannung. Beinah machte das Putzen Spaß. Auch tat mir nach zwei Stunden nichts weh. Ein Wunder? Mein Engel kicherte vergnügt, er hatte so etwas wohl erwartet.

»Kein Wunder, ich hatte dir gesagt, daß du frei bist.«

»Haben die mir sogar beim Putzen im Nacken gehockt?«

»Nein, aber du hast dich ständig unter Druck gefühlt, weil du es nicht anders kanntest.«

Befreit im Alter von siebzig Jahren. Welch eine Freude. Aber ich darf nie vergessen, daß diese Eltern trotz allem genau die richtigen für mich waren, um das zu erleben, was mir geschenkt wurde.

Vor dem Einschlafen dachte ich noch einmal ganz intensiv an sie. Dann nahm ich die Hand unter der Bettdecke hervor und winkte in Richtung Fenster: »So ihr Lieben, nun geht auch schön. Ich komme nach, wir werden uns wiedersehen, dann hoffentlich in besserem Einvernehmen. Tschüs!«

Karin

Ich bekomme viele Leserbriefe. Mit einigen Schreiberinnen entwickelt sich eine intensive Korrespondenz. Vor einigen Jahren war eine der Frauen in großer Not. Man hatte ihr Baby entführt. Ich schickte ein Rundschreiben los in welchem ich alle bat, für diese gequälte Mutter zu beten und ihr viele Hilfsengel zu schicken. Alle machten mit, beteten für sie und schrieben ihr Trostbriefe. Es dauerte fast ein Jahr, ehe ich Entwarnung geben konnte und sie ihr Baby wiederhatte. Bald darauf kam die nächste Anfrage um eine Fürbitte. Wieder ging ein Schreiben an alle Mitbeter und die schönste Zusage kam aus Stuttgart: »Alles klar, das Stuttgarter Gebetsnetz ist aktiviert.«

So bürgerte sich der Ausdruck Gebetsnetz ein. Da kam in der vorigen Woche ein Hilferuf von einer Leserin, mit der ich brieflich eine enge Freundschaft geschlossen hatte.

»Ich flehe dich an, hilf mir. Aktiviere das Gebetsnetz, ich habe so entsetzliche Angst.«

Sie glaubte, mit dem Trinken nicht aufhören zu können. Als der letzte Brief an die anderen noch auf meinem Schreibtisch lag, klingelte es, und sie stand vor der Tür.

Sie hatte sich, als sie wieder klar denken konnte, in ihren Wagen gesetzt und war die dreihundert Kilometer durchgerauscht zu mir, nur mit dem Gedanken, ich muß zu Karina, nur sie und Antaares können mir helfen. Was dann passierte, war die schönste himmlische Organisation. Sie kannte meine Heimatstadt nicht, sie hatte nur irgendwann auf dem Wege von Sachsen nach Köln auf einem Ausfahrtschild den Namen gelesen. Als sie das Ortseingangsschild passierte, fiel ihr ein, daß sie ja keine Ahnung hatte, wie sie mich finden sollte. Ihr Engel löste das Problem. Sie hörte deutlich die Worte: »Fahr jetzt rechts rein.« Sie tat es. »Und noch mal rechts.« Da war sie in meiner Straße und mußte nur nach der Hausnummer suchen. In den vier Tagen, in denen sie bei uns war, kam immer wieder das Staunen auf, wie prompt und präzise ihr Engel reagiert hat.

Als allererstes mußte nun ich herausbekommen, warum sie trinken mußte. Da ich nun wußte, daß man solche Dinge durch eine Familienaufstellung nach Hellinger erfahren konnte, (Zwischenbemerkung von Antaares: »Was glaubst du, warum du diese Erfahrung schon machen mußtest?«) begann ich zu telefonieren. Und oh Wunder, oder Selbstverständlichkeit, schon einen Tag später bekam sie einen Termin bei einer Therapeutin zur Vorbesprechung. Am Tag darauf war eine Aufstellung, und die Therapeutin sagte einer angemeldeten Teilnehmerin ab und nahm an der Stelle meine Freundin an. Es klappte alles wie am Schnürchen. Alle Aufstellungen ließen an Dramatik nichts zu wünschen übrig, und als meine Freundin an der Reihe war, war ich aufgeregter als sie selbst. Wir fanden den Grund heraus, und es war völlig anders, als wir vermutet hatten. Jetzt konnte man an der Sache arbeiten und Frieden schließen mit den Dingen, die ihr die Kindheit vergiftet hatten. Von denen sie nichts wußte. Frieden schließen mit der verstorbenen Schwester, für die sie sich schuldig und verantwortlich gefühlt hatte.

Sie blieb vier Tage bei uns, hat in dieser Zeit keinen Tropfen getrunken, ist jetzt eine Woche Zuhause und ist rundherum glücklich.

Ach ja, was ich noch erwähnen muß, die Therapeutin sagte mir, daß sie in der Nacht vorher Engelbesuch gehabt hatte, er hatte ihr gesagt, er sei mein Engel.

»Da hat er sich sicher umgesehen und schon mal für die richtige Atmosphäre gesorgt«, vermutete ich.

»Macht er das öfter?« erkundigte sie sich.

»Er geht immer dahin, wo er gebraucht wird«, meinte ich. »Außerdem habe ich ihn in Verdacht, daß er sich gerne mal herumtreibt. Ich habe schon öfter von Leuten gehört, daß er sie besucht hat.«

»Ich verbitte mir den Ausdruck herumtreiben.« Antaares war offensichtlich beleidigt. »Ich treibe mich nicht herum, schäm' dich, sowas sagt man nicht von seinem Engel, und schon gar nicht zu anderen Leuten!«

»Wenn meine Mutter nicht wußte, wo ich gewesen war, fragte sie immer, wo ich mich herumgetrieben hätte. Das sagt nur aus, daß ich nicht weiß, wo du warst. Aber ich entschuldige mich in aller Form, ich wollte dich nicht kränken.«

»Reingefallen!« kicherte er.

Die Zehn Gebote

Vor fünfzehn, vielleicht auch vor zwanzig Jahren sprach ich mit Barbara über die Zehn Gebote. Nach stundenlanger Diskussion kamen wir zu dem Schluß, daß sie kein gewöhnlicher Sterblicher einhalten könnte. Barbara sagte, ich sollte das alles unbedingt aufschreiben. Ich hatte noch keine Ahnung von meinem Engel und schrieb alles so auf, wie ich es im Gedächtnis behalten hatte, allerdings in einem etwas ironisch, beziehungsweise respektlosen Ton, wie ich heute meine. Kürzlich bekam ich den Text wieder in die Hand, las ihn durch und merkte, wie Antaares sich dazu äußern wollte. Bass erstaunt hörte ich, daß ich ihn überarbeiten und in dieses Buch mit hineinnehmen sollte. So ganz recht war mir das nicht. »Das sind doch alte Kamellen«, meinte ich. Antaares erinnerte mich an die Bemerkung unseres Superintendenten, wenn die Zehn Gebote den Kindern auf diese Weise im Konfirmandenunterricht vorgesetzt werden könnten, würden die Kinder sie wahrscheinlich leichter lernen. Und die Erwachsenen würden vielleicht etwas nachdenklicher werden. So lesen Sie also jetzt meine Kommentare zu den zehn Geboten:

Irgendwo habe ich einmal den Satz gelesen, wenn sich jeder Mensch an die zehn Gebote halten würde, brauchte man kein Bürgerliches Gesetzbuch. Das aber wäre der paradiesische Zustand, den uns Adam und Eva mit ihrem Obsttag vermiest haben. Vorher war nur ein einziges Gebot notwendig, nicht vom Baum der Erkenntnis zu essen. Als Gott das Weib erschuf, hätte ER es besser wissen müssen, denn mit dem Weibe hat ER zugleich die Neugier erschaffen.

Adam trödelte vergnügt und zufrieden durch den himmlischen Garten nach dem Motto, was ich nicht weiß, macht mich nicht heiß. Vielleicht ist es dem Herrn in all Seiner friedlichen Machtfülle auch etwas langweilig geworden, obwohl sicher im Universum noch genug zu tun gewesen wäre.

Aber nein, ER mußte sich eine Laus namens Eva in den Pelz setzen. Da ER allwissend ist, muß ER gewußt haben, was ER sich damit einhandelte.

Nachdem das unbotmäßige Paar aus dem Paradiese mittels einer sofort vollstreckbaren Räumungsklage auf die Erde verwiesen war, dauerte es gar nicht lange, und das Elend ging gleich mit einem Brudermord richtig los. Auch die Sintflut änderte nur kurzfristig das Verhalten der Menschen. Je mehr es gab, um so schlimmer wurde es. Schließlich gab es ja keine verbindlichen Gesetze, außer denen, die sich die Menschen selber gemacht hatten. Alles, was von oben kam, war wage, bestand aus Anweisungen an einzelne. Man legte es aus, wie es gerade paßte. Als Moses das Volk Israel aus Ägypten führte, ging es dabei oft genug drunter und drüber. Da sah Gott, daß neue Gesetze nötig waren, an denen absolut nicht zu drehen und zu deuteln war. Auch der findigste Anwalt konnte darin keine Lücke entdecken. Es waren die Zehn Gebote.

Warum aber, so frage ich mich, gab Gott solche Gebote? ER mußte doch seine Pappenheimer kennen, daß sie sie nicht halten konnten. Von Moses bis heute kenne ich nur einen Menschen, der sie hundertprozentig befolgte: Jesus.

Als Sonderbeauftragter in Sachen sündige Menschheit hat er es vorgemacht. Jetzt sollen wir ihm nachfolgen. Werfen wir doch mal ein kritisches Auge auf unser tägliches Verhalten und unsere Reaktionen auf solch ein Ansinnen.

Das erste Gebot

Ich bin der Herr, dein Gott,
du sollst nicht andere Götter haben neben mir.

»Nie habe ich«, wird jeder entrüstet sagen, »heidnische Götzen angebetet, was willst du also? Bin ich vielleicht um ein Kalb getanzt?«

Natürlich nicht. Die Götzen der modernen Zeit sind nicht die der Israeliten. Sie heißen heute bei jedem anders. Bei dem einen Alkohol, beim andern Fußball, bei dem nächsten ist es das Bankkonto oder der Partner. Das Auto, die Arbeit, der Fernseher, alles kann zum goldenen Kalb werden, um das bis zur Erschöpfung herumgetanzt wird.

Also, Leute, bohrt mal schön in den Tiefen eurer Seele, wie euer Kalb heißt.

Das zweite Gebot
Du sollst den Namen des Herrn,
deines Gottes, nicht unnützlich führen,
denn der Herr wird den nicht ungestraft lassen,
der seinen Namen mißbraucht.

Schon mal gezählt, wie oft am Tag »ach, du lieber Gott« oder »oh Gott« gesagt wird? Danach kann es uns eigentlich gar nicht dreckig genug gehen, denn es ist das einzige Gebot, in welchem ausdrücklich Strafe bei der Übertretung angedroht wird. Hat ER das mit Absicht gemacht? Es wird ja kein einziges der Gebote so oft übertreten wie dieses. Fernsehkrimis und Unterhaltungssendungen schießen da den Vogel ab. Das geht von »Himmelherrgottnochmal« bis »Gottverdammte Sch...«. Ich hoffe nur, daß Gott noch soviel zu tun hat, daß er nicht fernsieht.

Wenn ein Kind hundertmal am Tag »Mama« schreit und dann nichts von ihr will, wenn sie angesaust kommt, kommt sie auch nicht, wenn es mal ernst wird. Ob vielleicht der liebe Gott deswegen scheinbar nicht zuhört, wenn wir wirklich um etwas bitten?

Das dritte Gebot
Du sollst den Feiertag heiligen.

Klar, heiligen wir den Feiertag. Die, die in die Kirche gehen, sowieso, auch wenn sie nur die neue Garderobe vorführen wollen. Die andern stehen im Stau auf der Autobahn, natürlich friedlich und ohne zu fluchen. Andere hocken zur Sportschau vor der Glotze und schimpfen, wenn ihr Verein verliert. Ein Teil bevölkert die Kneipen, denn zu Hause ist ja sowieso nichts los. Aber arbeiten – nein, das tut möglichst keiner. Und das ist ja wohl damit gemeint, oder?

Das vierte Gebot
Du sollst deinen Vater und deine Mutter ehren,
auf daß dir's wohl ergehe
und du lange lebest auf Erden.

»Was, du hast schon wieder eine fünf in Mathe?« Die Stimme der Mutter überschlägt sich vor Empörung. »Das gibt für den Rest der Woche Fernsehverbot und Stubenarrest. Warte nur, bis Vater nach Haus kommt, dann kannst du was erleben. Ab, in dein Zimmer!«

Der Junge hat gerade im Konfirmandenunterricht die Zehn Gebote gelernt. Kein Mensch erwartet jedoch auf Grund dieser Tatsache, daß er sich nun demütig zurückzieht und den Eltern Recht gibt.

Schade, daß wir so gar nichts über die Kinderjahre von Jesus wissen. Ob er gelegentlich den Hintern versohlt bekam? Von Josef natürlich, Maria hätte sich da nie getraut. Und wenn der Bengel dann auch gemotzt hat, muß er für diesen Knaben, der da in seinem Schmollwinkel hockt und mit allem, insbesondere aber mit der Wahl seiner Eltern hadert, Verständnis haben.

Wenn man aber selbst alt geworden ist, die Eltern leben noch, womöglich unter einem Dach mit uns, beten alle am besten: »Herr, schenke mir Geduld, aber schnell!«

Das fünfte Gebot

Du sollst nicht töten.

»Tue ich auch nicht«, sagte der Zivildienstleistende, »darum bin ich hier im Pflegeheim.« Sprach's und schlug eine Mücke platt, die sich gerade bei ihm eine Mahlzeit holen wollte. Hochgezogene Brauen beim Nebenmann. »Sag mal, ist da bei dem Gebot eine Größenordnung angegeben, nach der man töten darf?«

Beleidigter Blick: »Das ist doch wohl was anderes!«

»Klar, ein Mensch schlägt zurück, das kann die Mücke nicht!«

»Ißt du Fleisch?« giftete der Zivi.

»Pech gehabt, ich bin Vegetarier! Aber meinen Wehrdienst habe ich abgeleistet.«

Nun können wir nachdenken, über den Zivi, der eine Mücke totschlägt und über den Soldaten, der mit der Waffe in der Hand seine Heimat oder was immer, verteidigt.

Das sechste Gebot

Du sollst nicht ehebrechen.

Wenn man die Scheidungsraten liest, ist einem klar, daß der Seitensprung längst eine allgemeine Disziplin geworden ist. Wenn man aber in der Bibel liest, wird schon ein begehrlicher Gedanke in die falsche Richtung mit einigen Grillabenden auf dem Höllenrost geahndet (Matthäus 5, 28).

Oh Schreck, wenn ein hübsches Mädchen im Minirock vor einem Mann herwedelt, wird auch der Bravste einen begehrlichen Blick werfen, von seinen Gedanken ganz zu schweigen. Die Damen haben es da etwas besser. Weder tragen die Männer gewagte Dekolletés noch wackeln sie so aufreizend mit den Hüften.

Liegt es daran, daß mehr Männer als Frauen Ehebruch begehen? Oder daran, daß die Gesellschaft auch heute noch den Seitensprung eines Mannes eher toleriert als den einer Frau? Oder lassen sich die Damen bloß nicht erwischen?

Wenn man sich vorstellt, alle würden dieses Gebot befolgen, worüber könnte die Boulevardpresse noch berichten? Ich fürchte, die meisten würden Pleite machen.

Das siebte Gebot

Du sollst nicht stehlen.

In der Erklärung steht fieserweise, ich soll sogar mehren helfen!

Ha, soweit kommt das noch! Womöglich der Konkurrenz auf die Beine helfen?

Nicht die höchstmögliche Miete herausschlagen? Die Delle im Auto, die ich selbst fabriziert habe, bei dem kleinen Unfall, an dem der andere Schuld hatte, nicht der Versicherung unterschieben? Gar kein bißchen mit den Spesen und dem Kilometergeld schummeln?

Ich bin ja nicht blöd! Oder doch?

Das achte Gebot

Du sollst nicht falsch Zeugnis reden
wider deinen Nächsten.

Was heißt hier »falsch Zeugnis«, ich hab es doch gesehen, daß der Nachbar fremd gegangen ist. Das soll ich nicht seiner Frau erzählen? Und diese Schlampe von Tochter, die jeden Abend mit einem andern loszieht, darüber darf ich nicht mit meiner Freundin reden? Von wegen alles zum besten kehren! Da ist nichts zu kehren. Die hat mich ja neulich auch so gemein durch den Kakao gezogen. Aber das war alles gelogen. Nein, nein, »falsch Zeugnis« habe ich nie gegeben, das hat immer alles gestimmt. Oder glaubt ihr mir etwa nicht?

Das neunte Gebot

Du sollst nicht begehren deines Nächsten Haus.

Der eine hat eine Villa, womöglich noch mit Swimmingpool, der andere wohnt zur Miete, ein dritter auf der Straße.

Und keiner soll ein Begehren nach einer Villa haben? Sind doch keine Diogenesse, die mit einer Tonne zufrieden sind, ganz abgesehen davon, daß es in unseren Breiten dafür viel zu schlechtes Wetter ist.

Als Gott die Israeliten durch die Wüste führte und dort Moses diese Gebote gab, war das ja einfach. Es hatte ja niemand Immobilien. Aber die Kaanaiter, in deren Land sie geführt wurden, die haben sie aus ihren Zelten und Häusern vertrieben und in Besitz genommen.

Sie hatten eine Spezialerlaubnis vom Herrn.

Was haben wir? Ein knallhartes Gebot!!

Das zehnte Gebot

Du sollst nicht begehren deines Nächsten Weib,
Knecht, Magd, Vieh oder alles, was sein ist.

Dieses Gebot bezieht sich auf alles lebendige und bewegliche Gut. Heute hieße es anstatt Weib Lebenspartner, anstatt Knecht Chauffeur, Magd gleich Putzfrau und statt Vieh Mercedes oder Luxusyacht.

Wenn ich im Regen mit dem Fahrrad durch die Gegend strampele und da rauscht so eine Karosse an mir vorbei, da soll ich nicht begehren, nicht neidisch werden?

Und der arme Trabifahrer? Der in seiner Tupperschüssel mühselig einen Hügel erschnauft, darf der nicht begehrlich hinter dem flotten Wessi herschielen?

Wie man sieht, ist diese Geschichte wirklich sehr alt. Es gab noch die DDR und von Wiedervereinigung war nicht die Rede. Alles ist anders gekommen und heute fahren auch die »Ossis« größere Wagen. Aber immer wird es so sein, daß der eine mehr hat und der andere weniger. Und immer wird es so sein, daß der eine neidisch auf den anderen sein wird.

Sag' ich doch – wir schaffen es nicht.

Der widerspenstige Schweineschwanz

Ein sehr lieber Freund von uns mußte ins Krankenhaus und sich einer Nierenoperation unterziehen. Man hatte ihm an Stelle seines beschädigten Harnleiters einen Schlauch eingesetzt. Derselbe krümmt sich spiralförmig in die Niere und wird deshalb pig-tail, also Schweineschwanz, genannt. Hier sein Bericht über die Entfernung desselben:

Der Arzt hatte behauptet, das sei eine kleine Routineangelegenheit und erfordere keine Betäubung. Ich lag auf dem Röntgentisch und sah den Arzt eine langen Draht holen. Er führte ihn durch meinen Rücken in den Schlauch ein. Offenbar mußte dies scheußlich lange Ende bis zum Ende des Schlauches gebohrt und unten am »Schweineschwanz« verharkt werden, um herausgezogen werden zu können. Von wegen, keine Schmerzen! »Sagen Sie mir, wenn es weh tut«, sagte der Arzt, als ich heftig stöhnte. Ohne Erfolg zog er den Draht wieder heraus und holte einen noch längeren. Mir wurde bange. Er begann unverzüglich mit derselben Nummer. Jetzt hätte ich am liebsten laut geschrien. Es fühlte sich an, als würde die Niere aufgeschnitten.

»Das ist doch komplizierter, als ich dachte«, stellte der Mediziner fest, »da muß doch der Professor dran. Ich rufe ihn.«

Nun lag ich, leicht bekleidet, (Krankenhausnachthemd) auf dem Röntgentisch, mit einem nach innen gedrehten Schweineschwanz im Rücken, der nicht herauskommen wollte.

Ich faltete die Hände: »Lieber Gott und lieber Schutzengel, helft mir. Gebt mir die Kraft, die Schmerzen zu ertragen, die erforderlich sind, um diesen Schweineschwanz aus meinem Körper zu entfernen.«

Ich gelobte, daß ich bewußter und ruhiger leben würde, sollten meine Gebete erhört werden.

Nach etwa zehn Minuten kam der Professor mit seinem untröstlichen Assistenzarzt herein. »Tut mir leid, daß es nicht geklappt hat, aber jetzt kriegen wir das hin«, sagte er, legt die Bleischürze an, zieht sich Handschuhe an, nimmt das Tuch von meinen Rücken und den Draht in die Hand. Stutzt, guckt genauer hin und fragt erstaunt seinen Assistenzarzt: »Was wollen Sie eigentlich? Der Schlauch ist doch draußen?«

Fassungslos beugte sich der nun auch über die Wunde. »Aber... aber..., das gibt's doch gar nicht. Das glaube ich nicht, so etwas habe ich noch nie erlebt. Ich habe ihn nicht herausbekommen, darum habe ich Sie ja geholt.«

Freudig drehte ich mich zur Seite. »Mein Schutzengel hat den Draht herausgeholt, als ich vorhin allein war.«

Die beiden Herren sahen mich etwas verwirrt an. »Oder der Schweineschwanz hat einfach zuviel Respekt vor Ihnen, Herr Professor und ist Ihnen von allein entgegen gesprungen«, fügte ich hinzu. Beide lächelten nun. Obwohl es wirklich unsinnig war, schienen sie dies eher für möglich zu halten, als Engelhilfe. Aber beide waren offenbar noch nicht soweit, daß sie einfach die Gegenwart und das Wirken von Schutzengeln akzeptieren konnten.

Auch ich bin gerade erst dabei, es zu lernen.

Mein Kommentar: Torsten sagte, der Professor habe etwas verwirrt dreingeschaut. Ich glaube, das war untertrieben. Er hat wahrscheinlich ziemlich unegal (das ist der abgemilderte Ausdruck für dämlich) aus der Wäsche geguckt. Wenn ein Kind, eine Frau oder ein alter Mann so etwas geäußert hätten, hätte der Professor milde gelächelt und genickt. Aber wenn ein gestandener Mann, dazu noch ein Dr. jur. so etwas sagt, dann kann er das nicht mit kindlicher Naivität, fraulicher Gefühlsduselei oder mit Senilität erklären. Ich wünsche mir ganz dringend, daß es dem Professor noch des öfteren gesagt wird. Ob er es denn eines Tages glauben und dann selber erfahren wird?

Engelnacht

Wie ich bei der Familienaufstellung versprochen hatte, habe ich mein Pseudonym schon sehr gelockert. Einige Leser besuche ich, oder es kommt auch gelegentlich jemand zu mir. Sie kennen sich nicht untereinander und ich beschloß, dies abzustellen. So entstand die Idee einer Engelnacht. Es sollte etwas zu essen geben, und jeder sollte ein bißchen von seiner Engelerfahrung, die sie ja alle schon hatten, erzählen. Um es richtig stimmungsvoll zu machen, gab es als Beleuchtung nur das Feuer im Kamin und Kerzen, jede Menge Kerzen. Es wurde eine wunderschöne Nacht, es war drei Uhr als die letzten heimgingen. Ein Ehepaar übernachtete bei uns, denn bis Hamburg war es doch ein bißchen weit.

Am nächsten Tag, es war ein Sonntag, gingen wir mit der Familie und den Hamburgern essen. Ich hatte den Tisch vorbestellt. Als wir nun ankamen war ich sehr erstaunt, daß die Wirtin nicht wie sonst üblich mir entgegenkam und uns zum Tisch geleitete. Sie kam erst sehr viel später und war so kurz angebunden, daß ich gefragt wurde, ob ich Krach mit ihr hätte. Hatte ich nicht. Als ich den Tisch bestellte waren wir richtig fröhlich miteinander gewesen. Jetzt machte sie den Eindruck, als brenne es ihr unter den Füßen, so flott war sie immer wieder weg. Ich war gekränkt.

Zwei Tage später besuchten mich zwei Teilnehmer der Engelnacht. Die junge Frau und ihr Mann waren sehr spirituell und zugleich sensitiv. Ich erzählte von der Ungastlichkeit der Wirtin und Manuela sagte etwas Seltsames: »Was glaubst du denn, wie die sich erschrocken hat, als da so eine große goldene Kugel auf ihr Haus zugerollt kam?«

Um ein Haar hätte ich, wie bei Antaares' verblüffenden Aussprüchen, nur »Hä?« gemacht. Ich riß mich gerade noch zusammen.

»Wie meinst du das?«

»Meine Güte, das müßtest du doch auch wissen. Zwölf Menschen, alle hochspirituell, eine Nacht mit soviel Engelenergie zusammen, was glaubst du, wieviel Licht da um euch ist und wieviel Energie? Wie hoch die Schwingungen sind, die euch umgeben?«

Hohe Schwingungen! Jetzt wurde mir vieles klar. Seit der Engelnacht tat mir jede Pore der Haut weh und ich hatte das Gefühl, ich würde mich auflösen.

Wenn man zwei Elemente zu einem verbindet und setzt diese Einheit einer Schwingung aus, die von dem einen Element vertragen wird und dem anderen nicht – was passiert dann? Das Ding fällt auseinander und geht kaputt. Meine Seele badete genüßlich in dieser Schwingung und mein Körper zeterte, nein, nein, ich kann das nicht aushalten. Ich hatte auch das Gefühl, die ganze Wohnung vibriert. Geborgen und schmerzfrei fühlte ich mich nur, wenn ich in meinem Wasserbett lag und die Decke über den Kopf ziehen konnte.

So ähnlich hatte die Leiterin einer Meditationsgruppe es mir erklärt, als ich dort zu oft und zu lange meditiert hatte. Ich dürfte das nicht, meine Nerven und mein Körper hätten dafür nicht genug Stabilität. Aber das war vor über dreißig Jahren gewesen.

Die Wirtin war also einerseits sensibel genug, um etwas von dem Licht, das wir zu dem Zeitpunkt ausstrahlten, zu merken, fürchtete sich aber davor, weil sie keine Ahnung hatte, was da auf sie zukam. Ich beschloß also, nicht mehr beleidigt zu sein, sondern Mitleid mit ihr zu haben.

Dann rückte Christian mit seinem Anliegen heraus. Er hatte in der Engelnacht nichts erzählt von einem Erlebnis und sagte mir jetzt, daß er das, was geschehen war, nicht vor anderen erzählen könnte, er wollte es nur mir sagen. Er begann auch erst zu sprechen, als mein Mann den Raum verlassen hatte.

Er war eines Nachts wach geworden und hatte eine Stimme gehört, so deutlich und klar, als stände jemand an seinem Bett. Da er aber ganz wach war, wußte er, daß da niemand war. Die Stimme sagte zu ihm: »Du wirst den Menschen wie ein Engel sein.«

Das ist lange her, er kann sie natürlich nicht vergessen, er quält sich aber damit herum, welche Verpflichtung ihm diese Worte auferlegen und ob er der Aufgabe gewachsen ist.

Ich sah ihn an. »Ich glaube nicht, daß du dir darüber Gedanken machen mußt. Es hieß »du wirst«, das heißt, es ist eine beschlossene, bereits feststehende Tatsache. Wie auch immer dein Verhalten anderen gegenüber sein wird, es wird von deinem Engel in die richtige Bahn geleitet werden, so daß es für andere Menschen gut sein wird.«

Er sah etwas erleichtert aus. »Meinst du wirklich?« Ich meinte!

Einige Wochen später rief er mich an. Und der Satz, der dann kam, war so schön und für mich so komisch, daß ich es mir nicht verkneifen kann, ihn hier aufzuschreiben. In einem sehr bescheidenen Ton sagte er: »Ob ich wohl bitte eine Privataudienz bei Antaares haben kann?«

Im ersten Augenblick war ich platt. Dann lachte ich erst einmal richtig los. Und hörte im Hintergrund meinen Engel kichern.

Er hatte ein Problem und meinte wohl, wenn er mit mir darüber reden würde, könnte Antaares mir vorsagen. So etwas klappt aber höchst selten, wir versuchten es aber doch und was ich antwortete, half ihm weiter.

Das Witzige aber an er Geschichte ist, daß ich keine Ahnung mehr habe, was er gefragt und was ich geantwortet habe.

»Antaares, du hast es mir wohl richtig eingeblasen, was ich sagen sollte, ich hoffe nur, daß jetzt nicht noch mehr Leute eine Privataudienz haben wollen.«

»Ich finde den Ausdruck ›Privataudienz‹ herrlich. Mir hat das ganze Gespräch ungemein gefallen. Aber du hast schon recht, das darf nicht zur Gewohnheit werden. Was ich noch sagen wollte, die Engelnacht war auch für mich ganz wunderschön. So viele nette Kollegen. Und was die mir so nebenbei über ihre Schützlinge berichtet haben, war auch sehr interessant.«

»Ich mache so schnell keine Engelnacht mehr«, gab ich zur Antwort. »Eine Woche lang ist es mir so dreckig gegangen wie lange nicht. Glaubst du, das nehme ich noch einmal auf mich? Nicht für'n Wald voll Affen!«

»Da habe ich eine Zeitlang geglaubt, du hättest dir deine unfeine Ausdrucksweise abgewöhnt. Da habe ich mich gründlich geirrt. Was haben denn Affen mit dieser Sache zu tun?«

»Ach, das ist nur so eine Redensart, wenn man etwas absolut nicht will«, murmelte ich.

»Weißt du was? Ich bin sicher, du wirst es wieder tun. Lade einfach ein paar weniger Leute ein, dann wird es dich nicht so umhauen. Das kannst du mir glauben.«

Mein Engel hat ja eigentlich immer recht, aber ich denke, er wird ziemlich lange warten müssen.

Das Vaterunser

Ich gehe einmal davon aus, daß meinen Lesern das Vaterunser geläufig ist. Bei jedem feierlichen Anlaß wird es von der Gemeinde mit dem Pfarrer gebetet. Daß es auch von jedem daheim gesprochen wird, mit der Familie oder im stillen Kämmerlein, wage ich zu bezweifeln. Da ich aber jetzt über dieses Gebet schreiben muß, werde ich es Ihnen noch einmal ins Gedächtnis zurückrufen.

Vaterunser, der du bist im Himmel
Geheiligt werde dein Name,
Dein Reich komme,
Dein Wille geschehe, wie im Himmel, so auf Erden.
Unser täglich Brot gib uns heute,
Und vergib uns unsere Schuld wie auch wir vergeben
Unsern Schuldigern,
Und führe uns nicht in Versuchung, sondern erlöse
uns von dem Bösen,
Denn Dein ist das Reich, und die Kraft und die
Herrlichkeit in Ewigkeit
Amen.

Genauso habe ich es immer gebetet. Ohne irgendwelche Vorbehalte oder mir Gedanken darüber zu machen. Bis ich jemanden traf, der das Vaterunser in einer anderen Zeitform betete. Es war eine alte Dame, sehr spirituell, sehr fromm. Ihr verstorbener Mann war vierzig Jahre lang in Afrika als evangelischer Missionar tätig gewesen. Unser altes Gebet steht grammatikalisch im Konjunktiv, also in der Möglichkeitsform, verbunden mit dem Futur, also der Zukunft. Da aber an den Dingen, die erwähnt werden, niemals Zweifel bestehen können, so wäre es doch vernünftiger, es im Präsens, in der Gegenwartsform, als eine feststehende Tatsache der Jetztzeit zu beten. Außerdem führte sie an, es sei die Bitte an Gott, uns nicht in die Versuchung zu führen, beinah Gotteslästerung, denn niemals führt uns Gott in die Versuchung, das besorgen wir schon selbst. So bekam ich ein anderes Vaterunser, das hört sich so an:

Vaterunser, der du bist im Himmel,
Wie heilig ist dein Name,
Dein Reich kommt,
Dein Wille geschieht, wie im Himmel,
So auf Erden.
Du gibst uns heute unser täglich Brot,
Du vergibst uns unsere Schuld,
So, wie wir vergeben unseren Schuldigern.
Du führst uns in der Versuchung,
Du erlösest uns von dem Bösen.
Denn dein ist das Reich und die Kraft
Und die Herrlichkeit in Ewigkeit
Amen.

Ich muß sagen, ich war beeindruckt. Nun wollte ich aber genau wissen, was mein Engel dazu zu sagen hatte. Er gab mir folgende Erklärung: Für die Menschen in der Zeit, als Jesus auf der Erde weilte, waren diese Dinge noch keine feststehenden Tatsachen. Sie baten darum, daß sie geschehen möchten. Sie wußten zu wenig von der Liebe Gottes, kannten sie doch nur den strafenden und rächenden Gott Israels. Zudem war ja alles zunächst nur eine mündliche Überlieferung. So lernten sie, um dies alles zu bitten, glaubten sie doch auch, daß nach Jesu Kreuzigung der Weltuntergang nahe sei. Für diesen Glauben hatte das Gebet die tröstliche Wirkung, die sie brauchten.

Ich sprach mit einem Theologen über die beiden Vaterunser und war ungemein fröhlich, daß er mir, wenn auch mit anderen Worten, genau das bestätigte, was Antaares mir übermittelt hatte. Natürlich hatte ich das Ganze auf einen grammatikalischen Karren geladen, ich erzähle doch keinem studierten Theologen, daß ich mit meinem Engel spreche.

Man kann mir das als Feigheit auslegen, aber aus der Anfangszeit meiner Meditation habe ich noch die Nase voll von solchen Debatten.

So bete ich also lieber das zweite Vaterunser, aber alle anderen, die die erste Form beten, tun das im Geiste der ersten Christen, und das ist in Ordnung. Sagt Antaares!

Der elfte September

Erst ein paar Tage nachher, als Wut und Entsetzen am Abklingen waren, konnte ich meinem Engel die Frage stellen warum?

Die Antwort, die ich bekam, konnte ich nicht akzeptieren, darum schrieb ich sie auch nicht auf. Aber von da an spukte mir das Thema ständig im Kopf herum. Trotzdem setzte ich mich nicht hin und schrieb es auf. Und was geschieht? Ich bekomme einen Anruf von der Chefredakteurin einer Zeitschrift, ich möge doch eine kurze Abhandlung über das Geschehen vom elften September schreiben.

»Ja, ja, so machen die das mit einem«, meinte Beate. Mit »die« meinte sie unsere Schutzengel und Geistwesen. »Mich kriegen sie auch immer dazu, Dinge zu tun, zu denen ich keine Lust habe.«

Was blieb mir anderes übrig, als mich hinzusetzen und zu schreiben. Ich brachte es wie gewünscht in eine knappe Form, weil mir immer noch nicht danach war, mich intensiv mit den Dingen auseinanderzusetzen. Heute morgen, es ist der vierte Advent, bestand Antaares darauf, mit mir ausführlich über alles zu reden.

»Der Planet Erde ist die härteste Schulung, die eine Seele auf sich nimmt, um zu lernen, sich zu entwickeln und das Bewußtsein zu erweitern«, hatte mein Engel gesagt. »Wenn nun auf der Erde alles nur Friede, Freude, Eierkuchen wäre, würde niemand Mitgefühl entwickeln können. Niemand durch Leid den Weg zu Gott finden, denn im alleinigen Wohlleben lernt man nicht beten. Gott gab uns den freien Willen, auch den Bösen. Das Böse zu hassen, dem Täter aber vergeben können, ist der Weg, den Jesus uns gelehrt hat. Und je mehr Menschen lernen, gerade für die zu beten, deren Seele in Dunkelheit ist, um so eher wird Licht werden. Da euer materieller Körper euch nur kurze Zeit zur Verfügung steht, ist es wichtiger, der Seele mehr Aufmerksamkeit zu widmen. Glaube mir, niemand ist umgekommen, dessen Aufgabe in dieser Welt nicht erfüllt war. Auch wenn du dir das nicht vorstellen kannst.«

»Ich kann mir das ums Verrecken nicht vorstellen, das würde ja heißen, alle diese Menschen sind nicht durch Zufall –«, ich stockte. »Siehst du, da habe ich dich schon erwischt. Du weißt doch, daß es keinen Zufall gibt. Die göttliche Ordnung hat diese, und eben nur diese Menschen im World Trade Center zusammengeführt. Und jede Seele wußte um ihr Schicksal. Wie ich dir schon einmal sagte, hier siehst du die Zerstörung, das Leid und das Elend, auf unserer Seite ist reine Seligkeit. Die Seele hat gelernt, gesühnt und ihren Weg in der Materie erfolgreich beendet. Laß ab von deiner Wut, du schadest dir nur selbst.«

Ja, das konnte er leicht sagen, er sah die andere Seite, ich aber sollte es glauben.

»Du sollst dir keine Gedanken über die Logistik machen«, fuhr mir Antaares ärgerlich in meinen Gedankenwirrwarr. »Gott braucht keinen Computer, um die Geschicke der Seelen zu leiten. Es ist alles in Ordnung.«

Das war wieder so eine Bemerkung, die mich fast wieder wütend machte. Wenn ich irgendeinem Menschen sagen würde, das wäre alles in Ordnung, würde man mich einsperren. Zu Recht. Das Gute ist, ich brauche es niemandem zu sagen, ich muß es nur aufschreiben und wenn meinen Lesern die Haare zu Berge stehen ob dieser Aussage – warum soll es ihnen besser gehen als mir?

Heiligabend

Es ist der vierundzwanzigste Dezember. Der Baum ist geschmückt, das Kaminfeuer wartet nur auf das Streichholz. Es gibt keine Hektik, keine Unruhe. Das war früher anders, und ich weiß nicht recht, ob ich froh darüber bin. Früher wurden mengenweise Plätzchen gebacken, und vor der Bescherung zog sich jeder in eine möglichst versteckte Ecke zurück (Komm bloß nicht hier 'rein!), um die Geschenke einzupacken. Und jetzt? Die Eltern sind gestorben, von meiner Schwester und ihren Kindern habe ich seit Jahren nichts mehr gehört. Als sie von ihrem Wohnort fortzogen, verbot sie der Hausverwaltung, mir die neue Adresse mitzuteilen. Sie hatte mir ziemlich übel mitgespielt, und ich hatte lange Zeit einen Zorn auf sie. Ich fühlte mich so ungerecht behandelt und schikaniert, daß ich in meiner Wut zu jedem, der es hören wollte und auch denen, die nichts davon wissen wollten, die ganze Geschichte vorjammerte. Bis mir jemand antwortete: »Ihre Schwester muß Sie sehr lieben.«

»Mich lieben? Sie hat gesagt, sie kann mir nicht aufs Fell gucken, sie haßt mich. Wie kommen Sie auf Liebe, bei dem, was sie mir angetan hat?«

»Das müßten gerade Sie doch wissen. Sie wissen doch, was Karma bedeutet. Ihre Schwester hat Ihr Karma gelöst, dazu mußte sie schlechte Dinge tun. Wer sich vornimmt, das zu tun, hat sehr viel Liebe, denn für ihn selbst kann es auch bittere Folgen haben.«

Natürlich hatte ich die ganze Sache nie von dieser Seite aus betrachtet. Was Antaares mir dazu gesagt hatte damals, steht in meinem Buch »Mein Engel und ich«, Kapitel »Mutters Krankheit und Tod«.

Kurz danach hatte ich einen Traum. Ich hörte laute Hilfeschreie und lief so schnell ich konnte dahin, wo die Schreie herkamen. Da lag meine Schwester auf der Erde und schrie:

»Karina, hilf mir, bitte, hilf mir!« Meine Mutter stand über ihr und schlug mit einem schweren Stock auf sie ein. Ich rannte zu Mutter und rief: »Mammi, Mammi, hör auf zu schlagen, Christine ist nicht böse, es ist alles gut so, wie es ist.«

Mutter ließ den Stock fallen und sah mich an. »Alles ist gut?« fragte sie. Ich bestätigte das, meine Schwester sagte: »Danke« und ich wachte auf.

Fällt mir das heute wieder so ein, als wäre es gestern gewesen, weil Heiligabend ist und ich jetzt, nach so vielen Jahren die verloren gegangene Familie vermisse? Ich weiß es nicht, es ist auch nicht an mir, einen ersten Schritt zu tun. Ich habe ihr vergeben und sehr viel für sie gebetet. Ich kenne aber auch ihren unversöhnlichen Charakter und daß sie mit Sicherheit wieder anfangen würde, mich auszunutzen. So bin ich hin und her gerissen heute am Heiligabend und weinen muß ich auch. Und weil ich bald den Bildschirm nicht mehr richtig sehen kann vor Tränen, muß ich jetzt aufhören.

Antaares flüstert: »Arme, kleine Heulsuse.«

Eine ganz neue Sicht

Auszug aus dem Buch »Babadschi« von M. Wosien: »Nach einer öffentlichen Prophezeiung im März 1976 wurde bestätigt, daß unser Planet in der nächsten Dekade kataklysmischen Zeiten entgegensieht. Es wurde davon gesprochen, daß bis 1980 die Gesetzlosigkeit und der Unglaube weiterhin zunehmen würden, bis dann in den Jahren zwischen 1980 und 1989 umwälzende Ereignisse die Erdoberfläche so verändern würden, daß nur etwa fünfundzwanzig Prozent der Menschheit überleben würden.

Der große Seher Edgar Cayce sagte 1925 voraus, daß ab 1980 die globalen Verhältnisse katastrophale Ausmaße annehmen würden. Ein Seher aus Bayern sagte, in den Jahren würde der dritte Weltkrieg ausbrechen, und die Leute, die der Meinung sind, Nostradamus entschlüsselt zu haben, kommen zu dem gleichen Ergebnis.«

Nun haben wir das Jahr 2003, die Erde ist noch intakt, der dritte Weltkrieg ist nicht ausgebrochen. Frage: Können sich alle so irren? Nein, sie irrten nicht, es war beschlossen, aber es gab Seelen, die es verhinderten und wie das geschah berichtete mir mein Engel:

Die Seelen, die so weit aufgestiegen waren, daß sie sich im Lichte des Herrn aufhalten konnten, erfuhren von der bevorstehenden Zerstörung. Sie warfen sich Gott zu Füßen und baten, es nicht geschehen zu lassen. Gott sah sie an und sprach: »Einmal schickte ich die Sintflut, einmal Feuer und Schwefel auf Sodom und Gomorra, dann opferte ich meinen Sohn. Wer wird diesmal das nötige Opfer bringen?«

Alle Seelen erklärten sich bereit, sich zu opfern, wenn die Erde erhalten bliebe. Gott zählte die Seelen, es waren nicht genug. Da strömten aus allen Himmeln mehr und mehr hinzu, zuletzt war es eine unübersehbare Menge.

Der Herr sprach: »Es sind nun genug an der Zahl der Opfer, aber wer sollen die Täter sein? Ohne Täter gibt es keine Opfer.«

Da erschraken alle, denn das war eine harte Aufgabe. Sie wußten, sie würden das Licht verlieren, keine Liebe mehr empfinden, in Haß und Rache versinken müssen und was das Schlimmste war, sie würden lange Zeit von Gott getrennt sein. Schweigen breitete sich aus. Doch als es schien, Hoffnungslosigkeit habe die Seelen erfaßt, kamen von der Höhe zwei strahlende Engel, traten vor den Herrn und sprachen: »Wir werden die ersten sein, die Schuld auf sich laden, wer geht mit uns?«

Und in das Licht der Engel trat Seele um Seele, bis der Herr Einhalt gebot. Er streckte seine Hand aus, und tiefste Nacht umfing alle die, die das schwerste Opfer bringen würden. Mitgefühl, Liebe, Güte, Freude und Gnade, alles legten sie Gott zu Füßen und er nahm es an.

Und so wurde die eine ganz große, alles vernichtende Katastrophe in viele kleine aufgeteilt. Erdbeben, Waldbrände, Terror und Kriege. Dazu gehören das World-Trade-Center, Massaker an den Schulen, der Krieg in Israel und Palästina, Massenvernichtungslager und das Elend in Afghanistan, die Flugzeugkollision am Bodensee, die Flutkatastrophe an der Elbe. Seltsamerweise fühlte und wußte ich, daß alle Gebete der Welt die Deiche nicht halten würden und die Katastrophe ihren Lauf nehmen würde. Die wenigen Informationen, die ich dazu bekam, besagten lediglich, daß es nicht aufzuhalten gewesen sei, aber noch Schlimmeres verhütet hätten. Außerdem sollte den Menschen vor Augen geführt werden, daß materieller Besitz nicht zählt und Nächstenliebe und Mitgefühl in der so lange verbohrten Ellenbogengesellschaft wieder zu Tage treten müßten.

Darum betet, betet ohne Unterlaß für alle, die sich eingebunden haben in dieses Grauen, nur um unsere Erde zu bewahren. Betet am meisten für die Täter, denn es gehört dazu, daß sie auch hinterher noch die Folgen tragen müssen. Sein Leben zu geben für den Nächsten ist leichter, als ein liebendes Herz zu opfern.

Während Antaares erzählte, hatte ich alles vor meinem geistigen Auge gesehen. Als ich ihn nach dem elften September nach dem Grund gefragt hatte, hatte er eine andere Erklärung gegeben.

»Ich konnte dir dies noch nicht klarmachen, du mußtest erst die entsprechenden Bücher lesen. Jetzt verstehst du auch, warum Gott keine Logistik braucht. Jede Seele weiß ganz genau, wann sie wo sein muß, um ihr Opfer zu bringen.«

Eines erstaunt mich aber immer wieder, wie mein Engel es fertigbringt, mir zum richtigen Zeitpunkt den richtigen Lesestoff in die Hand zu drücken. Immerhin habe ich rund fünftausend Bücher. Er meint, das sei eine der leichtesten Aufgaben für ihn.

Daß auch andere schon auf eine ähnliche Erklärung gestoßen sind, beweist eine Geschichte, die meine Freundin im Internet fand und mir brachte. Es ist die Geschichte einer kleinen Seele, die mit Gott spricht. Sie heißt: »Ich bin das Licht« von Neal Donald Walsch. Es ist wunderschön zu lesen, wie der kleine Engel Vergebung erfahren will. Zuletzt sagt Gott, daß er ihr immer Engel geschickt hat.

Lange hatte ich das Bild vor Augen, ein unübersehbares Feld voller Lichtgestalten. Die Opfer und die Täter. Obwohl ich nun wußte, warum das geschah, standen mir die Haare zu Berge, als der Irakkrieg ausbrach.

»Ich war so blauäugig zu meinen, es seien genug Opfer gebracht. Antaares, sag doch was!«

»Geht das Gejammer schon wieder los? Mußt du dich denn immer nur an das Äußere klammern? Guck dir die Bilder vom Kriegsschauplatz nicht an, und wenn doch, denke daran, daß der materielle Körper nur eine Lernphase hier durchmachen will. Will, sage ich, nicht muß. Wie sagte Gott zu der kleinen Seele? Wie willst du Vergebung lernen, wenn dir keiner etwas Böses tut?«

Wie recht er hatte, erfuhr ich einige Wochen später am eigenen Leibe. Mein Körper hatte sozusagen komplett gestreikt und es ging mir rundherum schlecht. Kloß in der Kehle, Schwindel im Kopf, Magenschmerzen – kurz, es war alles keine reine Freude mehr. Es hatte aber auch keinen Zweck, einen Arzt aufzusuchen, es mußte alles in einer seelischen Fehlhaltung liegen. Wie gut, daß es Therapien gibt, die einem Menschen das Unterste zu Oberst kehren, und man so an die Dinge heran kommt, die so tief im Unterbewußtsein vergraben sind, daß man keine blasse Ahnung hat, was da alles an schlimmen Dingen in Lauerstellung hockt.

Was da hochkam, entsetzte mich. Wut, Haß, Selbstzerstörung – und das alles nach dreißig Jahren Meditation, Engelgesprächen und Gebet.

Ich setzte mich hin und schrieb auf, wie ich mich fühlte. Hier ist die Geschichte von meinen innersten Menschen:

Die drei standen zusammen und berieten das weitere Vorgehen.

»Es wird hart werden für dich«, sagte die eine zu der anderen. »Ich weiß«, sagte die Angesprochene.

»Du könntest mir zweimal das Leben retten, ich werde es dir nicht danken. Im Gegenteil, ich werde mit deiner Gegnerin paktieren.«

»Ich weiß«, sagte die dritte, »es ist mir alles recht, wenn ihr mir nur die Liebe tut und mir helft zu lernen, was ich lernen will.«

»Wir tun es, denn wir lieben dich.«

So war es beschlossen, und so geschah es. Nacheinander stiegen sie hinab in die Materie. Mit dem Reißen der Nabelschnur ging die Erinnerung an die Vereinbarung verloren, aber ihre Seelen wußten genau, was zu tun war. Die Dritte wurde gedemütigt, wo es nur möglich war. Man versuchte alles, ihr das Heim zu nehmen. Es war ein bißchen wie in Aschenputtel, die eine mußte alle Arbeit tun ohne Lohn, ohne Dank und wurde auch noch beschimpft. Als ein Mensch kam und ihr beistand, wurden die beiden anderen noch wütender, aber selber ließen sie aneinander auch kein gutes Haar.

Die Lehrzeit der Dritten, dem Aschenputtel, wäre erfolgreich gewesen, wenn Aschenputtel von ihrer Wut über die Dinge, die ihr angetan waren, abgelassen hätte. Ja, noch schlimmer, es kam noch der Haß dazu. Sie haßte alle beide, bildete sich aber ein, ihnen voller Edelmut vergeben zu haben.

Wie groß war ihr Schrecken, als sie feststellen mußte, daß sie die Vereinbarung gebrochen hatte. Anstatt dankbar zu sein, vergiftete sie ihre Seele so mit Haß, daß sie krank wurde. Als es ihr bewußt gemacht wurde, wie sehr sie sich versündigt hatte, wußte sie nicht, wie sie den Haß, der sich so tief in ihrem Inneren versteckt hatte, los werden sollte.

Was soll ich tun? Beten, meditieren, weinen? Alles habe ich schon versucht, der Druck läßt nicht nach. Woher nehme ich jetzt Demut und Dankbarkeit? Ich bin sehr traurig!!

Ich stelle mir eine große Kiste vor, die sich in mir befindet. Ich öffne den Deckel und hole mir einen riesigen schwarzen Bagger. Der räumt die ganze Kiste mit dem Haß aus. Er wird mehrmals fahren müssen. Dann muß jemand mit dem Besen kommen, der alle Ecken ausfegt. Zum Schluß brauche ich noch einen, der ein scharfes Desinfektionsmittel hat. Damit soll alles ausgewischt werden, damit nicht irgendein Haßvirus sitzen bleibt und sich vermehrt.

Dann kann ein goldener Wagen kommen, der ganz voller Liebe ist. Die soll er dann in die große leere Kiste tun. Jetzt muß der Deckel offen bleiben, damit man immer Zugriff hat. Und die Kiste wird niemals leer werden. Da sagt jemand, da sei ein Zaun und der goldene Bagger kann nicht bis an die Kiste fahren. Der schwarze Bagger konnte hinaus, aber dann habe ich wohl die Mauer wieder zugemacht. Und kann sie nicht öffnen.

Ich bin sehr traurig!

Ich stelle mir vor, es stellt mich jemand auf den Kopf, nimmt mich bei den Füßen, hebt mich an und schüttelt mich solange, bis aller Mist aus mir herausfällt. Dann stelle ich mich wieder hin, breite die Arme aus und bitte um die Liebe vom Himmel, daß sie in mich hinein ströme.

Es kommt aber niemand.

Ich bin sehr traurig. Werde ich es bleiben müssen?

Als ich das alles aufgeschrieben hatte, ging es aufwärts. Mir schien die Welt heller als vorher, eigentlich ganz klar, wenn man bedenkt, welch einen Grauschleier man über sich selber legen kann.

»Hast du gewußt, was da alles noch in mir drin war?« fragte ich meinen Engel.

»Aber sicher, nur konnte man vorher ohne Gefahr für dich nicht daran gehen. Es mußte ein ganz bestimmtes Maß an Stabilität da sein, dein Glaube mußte fester werden und vor allen Dingen, deine innere, vor dir selbst verleugnete Hochnäsigkeit mußte einen Dämpfer kriegen. So wie bisher alles gelaufen war, konntest du leicht Schaden an deiner Seele nehmen. Weißt du,« seine Stimme bekam wieder den amüsierten Unterton, den ich so liebe, »einem Menschen wie dir Demut und Bescheidenheit einzuimpfen ist keine leichte Aufgabe, aber ich glaube, es ist gut gegangen.«

»Dein Wort in Gottes Ohr«, murmelte ich. Antaares zog es vor, dies zu überhören.

Gebet für die Täter

Das Schlimmste ist immer der erste Satz. Dieser Seufzer aller derer, die mit dem Schreiben zu tun haben, bewahrheitet sich jedesmal, wenn ich etwas aufschreiben will. Ob Buch, ob Brief, sogar bei jedem Kapitel geht das Roulett von Sätzen im Kopf los. Abends im Bett, wenn ein Text in meinen Gedanken auftaucht, ist alles perfekt, nur der Satz, mit dem die Geschichte anfängt, der ist weg. So hatte ich gestern abend begonnen, für Saddam Hussein zu beten. (Sieh da, jetzt geht es plötzlich). Mitten drin fing ich an zu weinen. Dann kam die Stimme meines Engels. »Jede Träne, jeder Schmerz, den du fühlst, nimmt etwas von dem Schmerz des anderen weg.«

Bitte nein, jetzt nicht, dachte ich und bat meinen Engel, es auf den Morgen verschieben zu dürfen. »Wenn ich jetzt losheule, kriegt mein Mann einen furchtbaren Schrecken, du weißt, daß eine Heulboje auf See eine Flüstertüte ist gegen mich, wenn ich loslege. Kann ich es nicht morgen früh machen? Ich verspreche es. Auch, wenn ich dann nicht aus den Augen gucken kann und aussehen werde wie eine überjährige Kartoffel.«

Ich durfte. So habe ich heute morgen die notwendigen Gebete gesprochen, aber es ging glimpflich ab für mich. Ich nahm auch gleich Stalin und Hitler mit in die Fürbitten hinein. Und vor meinem geistigen Auge erschienen wieder die großen, strahlenden Engel, die sich bereit erklärt hatten, Täter zu sein. Nie hatte ich vorher für diese mordlustigen Tyrannen Liebe oder Mitleid empfinden können. Jetzt war das auf einmal ganz anders. Jetzt wußte ich, warum es heißt, daß Gott auch böse Menschen, Diebe und Mörder liebt. Es sind seine selbstlosesten Engel. Jesus hat das alles gewußt, nun verstehe ich SEIN Gebot, liebet eure Feinde, tuet wohl denen, die euch hassen. Wenn man auf die, die uns geschadet haben, keinen Haß oder Wut empfindet, sondern Liebe aussendet, wird derjenige bald nicht mehr in der Lage sein, Böses zu tun.

Es dauerte keinen Tag, in dem mir die Schwierigkeiten dafür so richtig vor Augen geführt wurden. Der erst Fall waren drei junge Osteuropäer, die vor unseren Augen Müll auf den Gehweg warfen. Auf unsere Bitte, ihn doch aufzuheben und in den nur zwei Meter entfernten Abfallkorb zu werfen, reagierten sie mit Frechheit. Schon brodelte bei mir der Zorn hoch. Es dauerte mindestens drei Minuten, bevor mir einfiel, was ich eigentlich zu tun hatte. Ich schämte mich. Aber es sollte noch mehr kommen.

Am nächsten Tag fuhren wir zur Werft, um unser Schiff auszurüsten, da wir nach Ostern ins Wasser wollten. Ein Dutzend andere Skipper hatte den gleichen Gedanken gehabt, die Boote standen aufgereiht auf dem Hof. Aber die Gesichter der Menschen waren gar nicht fröhlich, im Gegenteil, Wut und ungläubiges Entsetzen war in den Mienen zu lesen. In der Nacht hatten Diebe mit einem Bolzenschneider den Zaun aufgeschnitten und hatten von vier Booten die gesamte Elektronik gestohlen, Fenster eingetreten, Lukendeckel zerschlagen und im Schiff alles durcheinander gebracht. Das sei nun schon das zweite Mal, sagte der Werftbesitzer. Angstvoll betraten wir unser Boot. Bei uns war niemand gewesen. Wir hatten allerdings außer einem GPS-Gerät auch keine Elektronik an Bord. Die Wut der Skipper kannte keine Grenzen.

»Erst erschießen, dann fragen!« So oder so ähnlich war der allgemeine Tenor. Wenn ich nun meine neueste Erkenntnis verkündet hätte, was glauben Sie, hätten die Skipper mit mir gemacht? Ein für alle mal wäre ich nicht nur »unten durch« gewesen, sondern sie hätten mich für komplett verrückt gehalten. Da unserem Schiff nichts passiert war, konnte ich so etwas ja sagen, ich war ja nicht betroffen. Ich frage mich allerdings, was in mir los gewesen wäre, wenn unsere »Binz« auch so ausgesehen hätte, wie die vier Schiffe. Eine Woche bleibt unser Boot jetzt noch auf dem Hof stehen. Ich habe Antaares gebeten, alle verfügbaren Engel zur Wache für alle Schiffe auf den Hof zu beordern. Mein Mann sagt dann: »Freiwache an Deck!« Für jemanden, der das nicht versteht, das ist der Befehl auf Segelschiffen, wenn Not am Mann ist und auch die, die eigentlich frei haben, sofort antanzen müssen. Darum heißt es auch Freiwache, sie haben wohl frei, aber Schlafen ist nicht.

Es ist mir auch gelungen, für die Täter zu beten. Ich nahm mein Lieblingsgebet: Herr, segne sie und behüte sie, Herr, lasse Dein Angesicht leuchten über ihnen und sei ihnen gnädig, Herr, erhebe Dein Angesicht auf sie und gib ihnen Frieden. Weiterhin: Jesus Christus, du Sohn Gottes erbarme dich ihrer!

In der Hoffnung, damit den Tätern und auch mir zu helfen, bitte ich alle, die dieses lesen: beten Sie mit mir dieses Gebet, damit es in unserer Welt friedlicher wird.

Ich habe jetzt von meinem Haß und meinen Rachegefühlen soviel geredet, daß ich doch genauer berichten möchte, wieso sich alles so lange in mir aufstauen konnte. Hier ist die Geschichte von …

Aschenputtel

Meine Schwester verließ das Elternhaus mit sechzehn, ich mit siebzehn Jahren. Wir sahen uns zu Feiertagen und im Urlaub. Unsere Eltern hatten eine Papiergroßhandlung und durch einen Hausbau einen Berg Schulden. Als ich im Urlaub Zuhause war, erlitt mein Vater einen Herzinfarkt. Um Haus und Firma zu retten, blieb ich Zuhause, nahm meine Ersparnisse, steckte sie in die Firma und führte sie weiter. Ich bekam kein Gehalt, war nicht versichert und um etwas Geld zu haben, ging ich an Wochenenden als Bedienung in ein Café. Das ging über zehn Jahre. Dann starb meine Patentante und hinterließ mir ihr Haus. Es wurde verkauft, ich dachte, nun bin ich fein 'raus, kann mir eine Existenz aufbauen. Ja, Pustekuchen, meine Eltern befanden, meine Schwester und sie brauchten das Geld viel nötiger. Ich hatte keine Chance, es sei denn, ich nahm mein Geld und hatte dann keine Familie mehr. Ich gab also das Geld her, meine Schwester zahlte Zinsen, mein Vater davon seine Schulden. Ein kleiner Rest blieb, ich richtete mir eine kleine Wohnung ein. Mein Vater wurde nicht wieder voll arbeitsfähig, ich machte den Außendienst, Verkauf und Auslieferung, Vater die Büroarbeit. Gehalt bekam ich nun erst gar nicht, ich bekam ja Zinsen von meiner Schwester.

Ich bin, was andere Menschen angeht, sehr schwer von Begriff. Ich glaubte immer, wenn ich jemanden lieb habe, hat er mich auch lieb. Ich war damals auch weder böse oder verbittert wegen des Geldes, ich sonnte mich ein bißchen in dem Gefühl, meiner Familie geholfen zu haben. Es dauerte eine Weile, bis ich merkte, daß sich der Ton mir gegenüber veränderte. Es gab immer öfter Streit, nichts konnte ich den Eltern recht machen. Einige Male war ich soweit, einfach wegzugehen. Aber ich blieb. Niemand von meinen Freundinnen verstand das. Im Grunde begriff ich es auch nicht. Heute weiß ich, warum. Ich hätte nie meinen Mann kennengelernt, und das Haus hätten meine Eltern auch nicht halten können. Ich weiß heute auch, daß es auf die Dauer niemand erträgt, jemanden immer dankbar zu sein. Das Gefühl, vollständig von mir abhängig zu sein, und auch noch dankbar sein zu müssen, war für den Stolz meiner Eltern, und davon hatten sie reichlich, unerträglich. Dazu war ich immer die Dümmste und Kleinste gewesen, nein, das war zuviel!

Einige Jahre vor dem Tod meines Vaters heiratete ich. Ein neues Entsetzen für die Eltern. Erstens kam er nicht aus den »richtigen Kreisen« und dann war er auch noch jünger als ich. Aber ich hatte nun jemanden an meiner Seite, so wurde es erträglicher für mich.

Meine Eltern überschrieben das Haus zu ihren Lebzeiten meiner Schwester und mir zu gleichen Teilen. Lediglich das von mir umgebaute Kellergeschoß zu einer Wohnung für mich, blieb davon ausgenommen. Dann noch eine Bemerkung, meine Schwester möge berücksichtigen, daß ich durch die Arbeit in der Firma das Haus überhaupt erhalten hätte.

Einige Jahre nach Vaters Tod wurde meine Mutter ein Pflegefall. Ich pflegte, selbstverständlich. Um einmal Urlaub zu machen, bat ich meine Schwester, die Pflege für eine Woche zu übernehmen. Das könne sie nicht, sie ekele sich vor alten kranken Leuten. Sie ging auf Reisen. Drei Monate nach Mutters Tod tauchte sie auf. Was dann kam, war so schrecklich, daß ich es zuerst nicht begriff.

Mit »Nun rück mal Mutters Sparbuch 'raus« und »Hast du schon einen Gutachter für das Haus bestellt?« fing es an. Es lief darauf hinaus, daß sie das Haus haben wollte. Ich begriff erst viel später, daß jede monatliche Zinszahlung an mich ein Gifttropfen in ihrer Seele gewesen war. In dem Moment jedoch brach für mich eine Welt zusammen. Es war ja nicht so, daß sie am Hungertuche nagte, sie besaß ja bereits ein Haus. Auch hatte sie inzwischen von ihrer Schwiegermutter geerbt. Es sah schlecht für uns aus. Ich erzählte der Schwester meines Vaters die ganze Geschichte. Daraufhin machte sie mit mir einen Erbvertrag, in dem ich als Alleinerbin eingesetzt war. Vorher waren meine Schwester und ich Erben gewesen. Ich kam mit meiner Schwester überein, in Raten zu zahlen. Wer kann denn auf Anhieb eine viertel Million, damals DM, bezahlen. Was dann passierte, als die Tante starb, gehört eigentlich in einen Roman der übelsten Sorte. Drohungen mit Gerichtsverfahren, Verleumdung, ich hätte schon vorher Gelder der Tante veruntreut, beleidigende Schreiben von Anwälten und so weiter. Am tiefsten aber traf mich ein Abkommen, daß mein Vater, meine Schwester, die Tante und meine Mutter Jahre zuvor getroffen hatten, worin versucht werden sollte, mir mein Vermögen streitig zu machen.

Da kam mir der Haß buchstäblich zu den Ohren heraus. Antaares putzte mich nach allen Regeln der Kunst herunter, als ich vor lauter Wut krank geworden war. Es gab kein Gerichtsverfahren, und meine Schwester konnte ausgezahlt werden. Von dem Tage an hörte ich weder von ihr noch von ihren beiden Kindern etwas.

Zehn Jahre vergingen. In der Zwischenzeit hatte ich eine Familienaufstellung nach Hellinger gemacht. Was ich dort erlebte und erfuhr, ließ mich alles in einem ganz anderen Licht sehen. Meine Bitte an Antaares morgens und abends: »Geh zu meiner Schwester, gib ihr einen Kuß und sage ihr, er wäre von mir.«

Rußland im Jahre 1943: die Kompanie meines Vaters vor der Schlacht um Orel. Es ist ruhig im Unterstand. Die Landser lesen noch einmal die Post aus der Heimat. Auch mein Vater tut das. Und er lächelt leise. Es ist nur eine Andeutung von Lächeln, aber so schön, daß sein Kamerad, ein begnadeter Portraitmaler zum Stift greift und es festhält. Fünfzig Jahre hing das Bild bei uns an der Wand. Die Farbe war verblaßt, das Papier, schlechte Qualität, verfiel. Ich brachte es zum Fotokopiergeschäft und staunte Bauklötze über das Resultat. Es war traumhaft schön geworden.

Ich sah meinen Vater an und wußte, was er wollte. Ich kaufte einen schönen Silberrahmen und schickte es meiner Schwester zum Geburtstag. Vorsichtshalber ohne Absender. Ich hatte eine Glückwunschkarte beigelegt und dazu geschrieben, sie müsse mir nicht antworten, wenn sie es nicht wolle, ich wäre aber nicht gegen den Wunsch angekommen, ihr diese Fotokopie zu senden. Es dauerte fast vier Wochen, bis sie antwortete. Sie war sehr dankbar und hatte sogar die Möglichkeit eines Treffens erwähnt. Ich schrieb sofort zurück und machte Vorschläge. Zu meinem Geburtstag schrieb sie, daß sie krank sei und ich mich bis Oktober, (jetzt hatten wir Mitte September), gedulden müsse. Wieder schrieb ich sofort zurück und fragte, was ihr fehle. Außerdem schrieb ich, daß uns ja nicht mehr viel Zeit bliebe, (sie war fünfundsiebzig, ich einundsiebzig) das meiste sei ja Vergangenheit und daß ich nicht das Zeitliche segnen möchte, bevor ich sie noch einmal in den Arm genommen hätte. Darauf bekam ich keine Antwort. Also rief ich irgendwann an. Mein Schwager war am Telefon und fertigte mich ziemlich kurz ab. Beim zweiten Anruf sagte er nur: »Laß mich in Ruhe«, und legte auf. Das war Donnerstag, der 25. September. Ich wußte nicht, was ich tun sollte. Auch mein Engel sagte nichts, oder ich war zu aufgeregt und ängstlich, um ihn zu hören. Ich rief bei einer guten Bekannten an, die, wie ich wußte, mediale Kontakte hatte und bat sie um Hilfe. Sie versprach, es zu versuchen. Am Montag, den 29. September kam ein Brief ohne Absender. Voll böser Ahnungen öffnete ich ihn. Mein Brief mit den Genesungswünschen für meine Schwester fiel mir entgegen. Auf der Rückseite des Umschlages standen die Worte: »Deine Schwester ist am 26. 9. um 7.00 Uhr gestorben.«

Ich kann nicht beschreiben, wie mir zumute war. Die schrecklichen Äußerungen, die sie immer von sich gegeben hatte, wenn die Rede auf Krankheit und Tod kam, fielen mir wie riesige schwarze Schatten auf die Seele. Sie glaubte nicht an Gott, sie hatte eine Sterbepille bei sich, weil sie selbst entscheiden wollte, wann sie sterben wollte, danach käme ja sowieso nichts mehr. Woràn war sie gestorben? Daß sie ihre Todespille genommen hatte, glaubte ich nicht. War sie im Licht angekommen oder in der Dunkelheit ihrer Vorstellungen? Eine Stunde später hatte ich keine Stimme mehr, abends waren meine Bronchien zu und ich konnte nur noch röcheln. Es hörte sich schlimm an, und die Nacht war furchtbar. Am Abend hatte noch meine Bekannte angerufen und gesagt, es sei alles Liebe und Frieden gewesen und ich solle mir keine Sorgen machen. Das konnte ich zu der Zeit auch gar nicht, ich schrammte haarscharf an einer Lungenentzündung vorbei, die meiste Zeit schlief ich. Mein Heilpraktiker hoffte, mich ohne Antibiotika gesund zu kriegen. Seit fast fünf Jahren war ich nicht mehr beim Arzt gewesen, ich hatte praktisch gar keinen Hausarzt mehr. Hatte ihn auch nie mehr gebraucht. Erst am Mittwoch Morgen ging es mir besser. Das Fieber war gesunken, und ich fühlte mich etwas besser. Ich faltete die Hände und machte die Augen zu, um mich auf meine Schwester einzustellen. Ich hatte zuletzt auch immer mit dem Engel meiner Schwester gesprochen, Haniel hieß er, und ich bat ihn jetzt um Hilfe. Was dann geschah, war wohl nur mit Hilfe der Engel und dem medialen Kontakt meiner Bekannten möglich. Es hatten auch noch einige liebe Freunde mitgebetet.

Vor meinem inneren Auge erschien eine wunderschöne Lichtung, im Hintergrund war Wald. Und von rechts und links kamen zwei Lichtgestalten mit wehenden Schleiern aufeinander zu. Wie Elfen über eine Wiese tanzen. Als sie sich erreichten, umarmten sie sich und tanzten zusammen über die Wiese bis sie im Wald verschwanden. Es bedurfte der Stimme nicht, die mir erklärte, wer und was das gewesen war.

Meine Schwester war in dem Augenblick drüben angekommen, als ich in tiefer Meditation war. So konnte ich sie dort in Empfang nehmen und der Satz »einen Moment lang ward ihr ganz eins,« bekam seinen Sinn. Den hatte das Medium mir noch durchgegeben, ich hatte ihn erst nicht verstanden. Jetzt wußte ich es. Dann fiel mein Blick auf den Kalender. Es war der erste Oktober. Was hatte sie geschrieben? Ich müßte mich bis Oktober gedulden. Ihre Seele hat es gewußt und mir diese Botschaft zukommen lassen. Als ich am Abend die Hände faltete, um zu beten, entfuhr mir der Satz: »Gehen wir heute abend wieder tanzen, Schwesterlein?«

Haniel, den ich fragte, wo er jetzt sei, antwortete, daß er noch eine Weile bei mir bleiben würde als Verbindungsmann zwischen meiner Schwester und mir. So habe ich denn im Augenblick zwei Engel bei mir.

Es quälte mich sehr, nicht zu wissen, was passiert war. Mein Schwager legte sofort auf, wenn ich anrief. Schließlich fiel mir eine Schulfreundin meiner Schwester ein, mit der sie immer in Kontakt geblieben war. Nach langer Suche im Internet fand ich ihre Adresse und rief bei ihr an. Meine Schwester war seit Monaten an Darmkrebs erkrankt und schon einmal operiert worden. Mein Schwager hatte auf alle Anfragen immer nur gesagt, sie sei gesund und es ginge ihr gut. Sie hatte an mich geschrieben, als sie erfuhr, daß der Tumor wieder gewachsen war und eine erneute Operation notwendig machte. Einen Tag nach der Operation war sie gestorben.

Ich war unendlich dankbar, daß alles so gekommen war. Bei der Vorstellung, sie sei gegangen, ohne daß wir miteinander kommuniziert hatten, wenn auch nur brieflich, standen mir die Haare zu Berge.

»Das war eine Zusammenarbeit zwischen eurem Vater, dem Engel Haniel und mir«, erklärte Antaares. »Wir wußten ja von ihrer Krankheit. So brachten wir dich dazu, das Bild in die Hand zu nehmen. Dein Vater gab dir die Idee ein, es an Christel zu schicken. Daß dein Schwager auf Fragen nicht reagierte, lag daran, daß er alles so gründlich verdrängt hatte, daß er vollkommen zusammenbrach, als er ihren Tod akzeptieren mußte. Es tat uns sehr leid, aber er ließ sich nicht helfen. Auch deine Gebete prallen zur Zeit wirkungslos an seiner Schmerzmauer ab. Daran kann man zur Zeit nichts ändern.«

Ich werde trotzdem weiter für ihn beten, irgendwann dringt vielleicht ein Lichtstrahl zu ihm durch.

Jin-Shin-Jyutsu

»Wenn ich dich richtig verstanden habe, habe ich beim ersten Mal nicht begriffen, worum es ging, ist das richtig?«

»Eigentlich schon, aber auch wieder nicht.«

»Verstehe ich nicht.«

Was sich seit heute mittag in meinem Kopf dreht, ist wieder einmal so verrückt, daß ich es nicht glauben kann. Weil ich es nicht richtig durchdenken kann, sitze ich jetzt am PC und versuche, es auseinander zu klamüsern. Denn am PC ist das einfacher, ich habe dann das Gefühl, meine Finger laufen nach Anweisung meines Engels über die Tasten.

Seit dem Tod meiner Schwester löst eine Krankheit bei mir die andere ab. Außer meinen ständigen Rückenschmerzen habe ich in den letzten zehn Jahren keine ernst zu nehmende Krankheit gehabt. Der Arzt begriff es nicht. Für mich war es selbstverständlich gewesen. Zuerst die Bronchitis, deren Viren meine Herzklappen versaut hatten, dann stellte der Arzt eine Entzündung und Unterfunktion der Schilddrüse fest und nun die dritte Blasenzündung. Ich muß sagen, mir reicht's!

»Dein Freund Axel hat dir schon ein bißchen etwas erklärt. Du bist in neue, höhere Schwingungen gekommen. Geist und Seele sind begeistert, dein Körper schreit nein, ich will nicht, ich kann nicht. Und er streikt. Weil wir aber wußten, was kam, haben wir gleich ein Lernprogramm für jemand anderes eingebaut. Du hast in deiner Panik bei der ersten Blasenentzündung gar nicht erst versucht, dir mit Jin-Shin-Jyutsu zu helfen. Ratz-fatz zum Urologen und Antibiotika geschluckt. Haben wir gedacht, also, dasselbe noch mal. Vierzehn Tage später Blasenentzündung. Was machst du? Auch wieder dasselbe. Die Haare standen einem zu Berge –«

»Hätte ich gerne gesehen, einen Engel mit gesträubtem Haar«, unterbrach ich ihn.

»Diesmal haben wir zwei Monate gewartet, bis wir dir wieder eine anhängten. Und jetzt hast du es begriffen. Hast sofort mit Jin-Shin-Jyutsu angefangen und deinem Arzt davon erzählt. Worauf hin er prompt nach Literatur dazu fragte. Jetzt hat er die Informationen, die er braucht. Hättest du auch gleich machen können. Vielleicht wäre es dann eine weniger geworden.«

»Du meinst also, ich habe Blasenentzündung bekommen, weil der Arzt die Information braucht?«

»Du hältst uns ja für eine ganz gemeine Bande, also, die Entzündung wäre in jedem Fall gekommen, weil der Schock über Christels Tod dein Immunsystem zusammenbrechen ließ. Die spirituelle Erfahrung dabei brachte dir eine stärkere Schwingung, und da wunderst du dich, wenn es dir nicht gut geht? Du bist doch sonst nicht so schwer von Begriff.«

»Nein, ich habe nur heute morgen nicht alles richtig kapiert, es ging so durcheinander in meinen Kopf.«

»Das passiert ja öfter, aber irgendwie kriegen wir dann doch Ordnung in das Ganze.«

»Eigentlich müßte nach dieser Erkenntnis die Entzündung sofort weg sein, das wäre doch prima.«

»So geht es leider nicht, da mußt du jetzt noch durch. Aber es wird nicht mehr so schlimm werden.«

Gehe ich also jetzt ins Bett und leiste den Anweisungen meines Engels Folge. Es bleibt einem ja nichts anderes übrig.

Zum besseren Verständnis: Jin-Shin-Jyutsu ist eine uralte Heilmethode, die vor etwa zwanzig Jahren nach Deutschland kam. Wer mehr darüber wissen will, dem empfehle ich das Buch »Heilende Berührung« von Alice Burmester und Tom Monte. Im Internet gibt es eine Fülle von Informationen, die man über eine Suchmaschine unter dem Stichwort »Jin-Shin-Jyutsu« abrufen kann.

Anhang

Götterdämmerung
Es fürchtet der Asen
Gewaltig Geschlecht
Die Schicksalsrune
Der Nornen.
Fürchterlich geifert
Der Fenriswolf,
Der einst in Fesseln geschlagen
Von Loki, dem listenreichen.
Der Mitgardschlange
Zuckender Leib
Bedroht Walhall.
Und Yggdrasil zittert
Wenn Asgard brennt
Und Götter sterben
Auf blutiger Wal.
Tot sinkt Baldur
Der Sonnengleiche.
Das Ende ist's
Und Nacht umfängt die Erde.

Begegnung

Wotans Reich ist zu Ende gewesen, die Götterdämmerung war hereingebrochen. Wotan war zur Hel gefahren, der finsteren Göttin der Unterwelt. Einsam verbrachte Allvater seine Tage. Er, der Herr Mitgards der Erde, die seine und der Asen Hände geschaffen hatten. Nur Freia, seine Gemahlin, und Donar, sein treuester Freund, waren ihm geblieben. Die Menschen hatten die Götter vergessen, zu denen sie einst unter Rauchopfern gebetet hatten.

Wieder war ein Jahrtausend vergangen. Da erhob sich Wotan von seinem Lager.

»Komm mit mir zu den Menschen«, sprach er zu Donar. Aber der schüttelte sein mächtiges Haupt, daß der rote Bart Funken sprühte. »Laß mich zufrieden mit dem undankbaren Geschlecht«, grollte er.

Da machte sich Wotan allein auf den Weg. Als fremder Wanderer betrat er die Erde. Was er sah, erschütterte den Allweisen sehr. Krieg, den er nicht verstand. Nicht mehr Mann gegen Mann mit funkelnden Rüstungen und blitzenden Schwertern, nein, erdgrau und schmutzig lagen die Männer im Hinterhalt. Lange dunkle Rohre spieen Tod und Verderben. Ekle Gerüche stiegen von den Äckern auf, auf denen das tägliche Brot wuchs. Der Lärm, der ihn Tag und Nacht umbrauste, war ihm unerträglich. Er fand niemanden, der betete oder opferte, alle jagten irgendwelchen, ihm unverständlichen Dingen nach. Wo war der neue Heiland, von dem man ihm vor langer Zeit erzählt hatte? Gab es ihn überhaupt? Groll und Haß auf Christus stiegen in ihm auf. »Einmal ihn sehen«, knirschte er, »damit ich ihn fragen kann, was er unter herrschen versteht. Wie kann er alle diese schrecklichen Dinge geschehen lassen!«

Und weiter zog Wotan, der fremde Wanderer.

Eines Morgens drangen wundersame Klänge an sein Ohr. Er ging ihnen nach und kam in ein großes Haus mit einem hohen Turm. Er trat ein und setzte sich zu den Menschen, die dort versammelt waren und hörte zum ersten Mal: »Gelobt sei Jesus Christus, unser Herr.«

Wie wenige sind es, die ihn loben, dachte er. Ich will suchen, ob ich noch mehr finde.

Und weiter zog Wotan, der fremde Wanderer.

Als die Nacht hereinbrach, setzte er sich an den Wegrand, traurig und erschöpft. Er hatte niemanden gefunden, der außerhalb der Kirche den Namen Jesu mit Andacht aussprach.

»Jesus Christus«, seufzte er, »wo bist du?«

Da kam vom Himmel her ein helles Licht zu ihm. Fast blendete ihn der Glanz, der heller war als Godefrids, der Sonne Licht. Ein Mann, gekleidet wie er, als ein Wanderer, stand vor ihm. Lange, braune Locken fielen ihm auf die Schultern und aus den Augen strahlte Wotan soviel Liebe entgegen, daß er erschüttert das Haupt senkte. Er wußte, wer vor ihm stand.

»Ich bin Christus, der Sohn des allmächtigen Gottes«, sprach der Wanderer.

»Und ich Wotan, der Allweise.«

»Du hassest mich!« sagte Christus.

Wotan sah nicht in die allgütigen Augen des Heilandes, als er ihn bitter anklagte: »Warum schützest du die Menschen nicht vor all dem Elend? Was hast du ihnen Gutes gegeben? Ich habe nichts gefunden. Wer fürchtet dich? Ich fand keinen. Wer liebt dich? Auch solche fand ich nicht. Warum gibst du nicht allen Speise und Trank?«

»Ich tat viel mehr«, antwortete Christus, »ich bin für sie gestorben.«

»Gestorben?« wiederholte Wotan erstaunt und zweifelnd.

Und wieder antwortete Christus und sprach: »Wohin fuhren zu Wotans Zeit die Bösen und Sünder?«

»Zur Hel!«

»Und wohin kamen die Guten und Gerechten?«

»Nach Walhall.«

»Liebtest du die Menschen?«

»Ja!« war die schnelle Antwort.

»Und doch ließest du zur Hel sie fahren in ewige Finsternis?«

»Es war der Lohn für ihre Taten!«

»So liebte Wotan die Menschen. Mein Vater aber liebte sie anders. Es jammerte Ihn, zu sehen, wenn die Sünder dem ewigen Tod verfielen. Er wollte Gnade walten lassen. Aber Er brauchte auch Gerechtigkeit. So schickte Er mich, seinen Sohn, als Mensch zur Erde. Ihm gehorsam, nahm ich die Sünden aller auf mich. Ich büßte am Kreuz für die Menschen und starb für sie. Am dritten Tag nach meinen Kreuzestod ließ der Vater mich auferstehen von den Toten. Die Sünden der Menschen aber sind getilgt. Jeder, der an mich glaubt, wird das ewige Leben haben. Es sind mehr, als du denkst. Sie tragen mein Kreuz in der Stille und es werden immer mehr werden. Nach dem Plan meines Vaters werden dereinst alle im ewigen Licht leben!«

Christus hatte geendet. In Wotan war es still geworden. Er erhob sich und stand in seiner mächtigen Göttergestalt vor Christus. »Ich glaube, daß du bist Christus, der Herr.« seine Stimme dröhnte wie Orgelklang. »Sage deinem Vater, Gott meines Himmels und meiner Erde, Wotan könne nicht mehr hassen den Sohn des lebendigen Gottes. Aber Wotan wird nicht in das ewige Licht eingehen. Sein Reich ist bei Hel, bei Freia und Donar. Aber ich liebe dich!«

Als Wotan diese Worte ausgesprochen hatte, wurde ein starker Glanz um ihn, und in diesem Glanze rauschte er auf Adlers Schwingen zur Hel.

Das ewige Licht aber begleitete ihn, und Gottes Geist war in ihm lebendig geworden.

Fast dreitausend Jahre waren seit der Geburt Christi vergangen. Wotan hatte oft an die Worte des Heilands gedacht, daß einst alle Menschen im Licht leben würden. Es drängte ihn, zu erfahren, was inzwischen geschehen war. Er hatte zu Freia und Donar von jener fernen Hoffnung gesprochen. Nun begleiteten ihn beide, als er sich wiederum aufmachte, die Erde zu besuchen.

Sie überquerten den Styx und gingen durch die Nebelwand, welche die Unterwelt von der Erde trennte. Aber diesmal schimmerte ihnen kein Sonnenlicht entgegen, es war dunkel und trübe. Voller Entsetzen sahen sie sich um. Tot und geschändet lag das Land zu ihren Füßen. Kein Grashalm grünte mehr, die Bäume ragten als verbrannte Skelette in einen grauen Himmel. Kein Vogel sang, alles Getier lag verendet im Staub, hier und da sah man menschliche Knochen bleichen. Es war totenstill.

Sie wanderten durch das Grauen bis sie ans Meer kamen. Da waren keine Wellen mehr, nicht mehr Ebbe und Flut. Ekler Geruch stieg auf aus den toten Wassern.

»Ebbe und Flut war der Atem der Erde«, sagte Wotan, er zitterte vor Zorn. »Sie atmet nicht mehr, alles ist tot. Warum hat dieser sogenannte Heiland eine solche Katastrophe zugelassen? Oh, ich muß ihn finden, er muß sich rechtfertigen vor mir! Meine schöne Erde!«

»Ich werde ihn mit Blitz und Donner erschlagen«, knirschte Donar und wirbelte mit seinem Hammer durch die Luft. Wotan kniete nieder und legte weinend beide Hände auf die gequälte Erde, als könne er sie heilen.

Plötzlich wurde es heller um sie. Erstaunt sahen sie in die Richtung, aus der das Licht kam. Eine Gestalt kam auf sie zu und blieb bei ihnen stehen.

»Ist das Christus?« wandte sich Donar flüsternd an Wotan.

»Ich bin es nicht«, antwortete die Gestalt, »ich bin der Erzengel Michael. Ich werde euch dahin bringen, wo ihr Antwort auf eure Fragen bekommt. Bitte, kommt mit mir.«

»Nur zu gerne«, knurrte Donar.

Der Lichtstrahl, in welchem der Erzengel gekommen war, nahm sie auf, und rasch ging es aufwärts. Es schien ihnen nur eine kurze Reise gewesen zu sein, doch als sie ankamen, glaubten sie sich endlos weit fort von der Erde.

Sie standen in einer Landschaft, wie sie sie noch nie gesehen hatten.

Das Licht war viel heller, als es je auf der Erde gewesen war, aber es blendete nicht. Unendlich viele Blumen blühten in Farben, die es auf der Erde nicht gegeben hatte. Die Bäume trugen die köstlichsten Früchte, Tiere lagerten im Moos, der Löwe neben dem Schaf, ein Hase bei einem Wolf. Überall waren Menschen. Sie trugen lichte Kleider, lachten und sangen. Einige tanzten zu einer himmlischen Weise. Am Horizont erblickten sie eine Stadt, deren Mauern waren aus Edelsteinen und reinem Golde. Zwölf Tore, jedes aus einer Perle, waren in die goldenen Mauern eingelassen. Fassungslos schauten die Asen auf diese nie gekannte Herrlichkeit.

»Wo sind wir?« stammelte Wotan.

Michael antwortete: »Auf der Erde gab es ein Buch, es hieß die Bibel. Darin wird von diesem Ort berichtet. Es erzählt auch vom Leben Jesu auf Erden und beschreibt genau, was die Zukunft bringen würde. Einem Jünger Jesu namens Johannes offenbarte Gott alles, was geschehen werde. Aber mehr kann ich euch jetzt nicht erklären. Ich bringe euch an einen Ort, wo Gott selbst auf eure Fragen antworten wird!«

Der Erzengel führte sie auf einen Berg in eine helle Grotte, in der drei Bänke standen.

»Setzt euch, hier werdet ihr Antwort erhalten«, sagte er und verschwand.

Eine kleine Weile blieb alles still. Dann kam eine Stimme zu ihnen, die sprach: »Ich bin der HERR, dein Gott. Ich gab dir, Wotan, einen kleinen Teil meiner Schöpfung für eine Weile. Du und die Asen durftet durch mich die Erde besitzen, als sie aus der geistigen Welt in die Materie eintrat. Denn alles, was ist, war zuvor in meinem Wort. Aber nur mein Wort, der Geist, ist ewig und unwandelbar. Alle Materie muß wieder verwandelt werden. Die Zeit für den Teil meiner Schöpfung, der Erde heißt, ist abgelaufen. Was du gesehen hast, war der Prozeß der Auflösung, dem alles, was nicht Geist ist, unterworfen ist. Je nach ihrer Dichte und Schwere ist die Dauer der Materie verschieden. Was ganz leicht und winzig ist und bewußtes Leben trägt, wandelt sich schneller als etwas Großes und Schweres. Vergleiche eine Eintagsfliege mit einem Elefanten. Oder einen Hund mit einem Menschen. Und nun denk an die Erde. Viele Milliarden Jahre war sie die dichteste Materie in diesem Teil des Universums. Doch nun muß sie wieder vergeistigt werden. Die Menschen konnten während dieser Umwandlung nicht auf ihr leben. Sie hatten selbst dafür gesorgt, daß die Erde unbewohnbar wurde. Einige taten es bewußt aus Machthunger oder Geldgier. Diese leben jetzt an einem Ort, der dem Zustand der Erde entspricht, sie aber noch leben läßt, obwohl es dort so schrecklich ist, daß sie gerne sterben würden, aber sie können es nicht. Diejenigen, die gleichgültig zugesehen haben, müssen jetzt zusehen, wie die Erde stirbt. Die aber, die den aussichtslosen Kampf, oft ohne Rücksicht auf ihr eigenes Leben, gegen die Zerstörer nicht aufgegeben haben, sind hineingeholt worden in das neue Jerusalem. Das ist die Stadt, die du eben gesehen hast. Christus, mein lieber Sohn, hat für sie die Stätte bereitet.« Der Prophet Jesaja hat schon vor vielen Jahrtausenden davon gesprochen: »Denn siehe, ich will einen neuen Himmel und eine neue Erde schaffen, daß man der vorigen nicht mehr gedenken und sie nicht mehr zu Herzen nehmen wird. Freuet euch und seid fröhlich immerdar über das, was ich schaffe. Denn siehe, ich will Jerusalem zur Wonne machen und sein Volk zur Freude und ich will fröhlich sein über Jerusalem und mich freuen über mein Volk. Man soll in ihm nicht mehr hören die Stimme des Weinens, noch die Stimme des Klagens.« (Jes. 65;17-19). Johannes, ein Jünger Jesu, hat dies alles später noch einmal in der Offenbarung den Menschen kundgetan. »Doch nun steh auf und sieh hinaus, ich will dir einen Blick in meine ganze Schöpfung geben, damit du nicht mehr trauerst um die Erde. Sie wird herrlicher erstehen, als du es dir erträumen kannst.«

Wotan erhob sich und blickte hinaus. Da war alles verschwunden, was vorher da war, statt dessen sah er eine unendliche Weite. Es gab keinen Horizont mehr, im Unendlichen sah er unzählige Galaxien, riesige Sonnen von herrlichen Planeten umkreist, alles war erfüllt mit Licht und Leben. Er sah neue Welten entstehen und vergehen, Milchstraßensysteme tauchten wie von Zauberhand gemacht auf und zogen wieder fort. Dazwischen bewegten sich helle Gestalten, scheinbar nur aus Licht bestehend, ordnend und sorgend. Nichts war dem Zufall überlassen. Wotan sah nun, daß eine bewußte Intelligenz das All schuf und verwaltete. Doch war diese Erkenntnis für ihn nicht das Wichtigste. Er sah und verstand, daß das Größte von allem nicht die Macht und die Intelligenz war, die den Bestand des Universums sicherte. Die wichtigste Kraft, die alles zusammenhielt und für Ordnung sorgte, war die Liebe, die sich im Christusbewußtsein manifestierte. Er sah, daß es nichts gab, was nicht in diese Liebe eingebettet war, was immer auch auf der Erde geschehen war, auch das Grauen und Schmerz lösten sich auf, sobald sie sich der sie umgebenden Liebe bewußt wurden.

Demütig beugte Wotan die Knie und huldigte dem Heiland.

Donar und Freia sahen ihm entgegen, als er zu ihnen zurückkam. Bei ihnen war Michael, der Erzengel.

»Ich bringe euch jetzt an den Ort, der für euch bereitet ist«, sagte er, und sie folgten ihm.

Bald standen sie vor einer schimmernden Halle, deren Tore sich bei ihrem Näherkommen öffneten. Sie gaben den Blick frei in einen großen Innenhof. Dort saßen an langen Tischen die Götter, die einst mit Wotan über die Erde herrschten. Ein schöner Jüngling mit goldenem Haar kam ihnen entgegen.

»Baldur, mein Sohn!«

Mit Tränen in den Augen umarmte ihn Wotan.

»Wir sind wieder in Walhall!«

Donar rief es voller Freude und eilte zu den langentbehrten Gefährten.

Freia wandte sich um, um dem Erzengel zu danken, aber er war verschwunden, da folgte sie Donar und Wotan in den Innenhof. Als sich die erste Wiedersehensfreude etwas gelegt hatte, wurde es still. In diese Stille erklang ein Choral. Andächtig lauschten die Götter. Zum Schluß erhoben alle ihre Stimme und stimmten ein:

»Gloria in Excelsis Deo!«

Karina Silberweg
Mein Engel und ich
In diesem Buch schildert Karina Silberweg ihr Leben in der Begleitung des Schutzengels Antaares.

Durch ihre große Aufrichtigkeit nimmt Karina Silberweg dem Leser die Scheu vor der Begegnung mit höheren Welten. Sie zeigt, wie der Umgang mit dem Schutzengel etwas ganz Natürliches ist, das jedem offen steht. Mancher wird sich bei der Lektüre fragen, ob er nicht schon längst die Stimme seines Schutzengels vernommen hat, ohne das bisher erkannt zu haben. Beim Lesen läßt sich miterleben, daß uns das Spirituelle häufig durch eigene Umständlichkeit und Ruhelosigkeit entgeht. Doch die Engel warten nur darauf, wie Antaares versichert, daß die Menschen endlich den Kontakt zu ihrem Schutzengel aufnehmen.
Paperback, 192 Seiten
ISBN 3-89060-428-5

Karina Silberweg
Gespräche mit meinem Engel
Was passiert, wenn »Lieschen Müller« ihrem Engel begegnet? – Karina Silberweg ist eine ganz normale Hausfrau in einer deutschen Kleinstadt, hat ihr ganz normalen, alltäglichen Sorgen und Probleme – und Kontakt mit ihrem Engel. Der sieht die Dinge natürlich etwas anders als sie, und so entspinnen sich interessante Gespräche.
Paperback, 152 S., 13 x 21 cm
ISBN 3-89060-125-1

Rebecca Bachstein
Engel-Licht-Tarot
Das Engel-Licht-Tarot vereint die Energien der Engel mit der Weisheit des Tarot. Im Rahmen dieser tiefgründigen Symbolik sind die nach alter Tradition wichtigsten Engel und Erzengel dargestellt. So entstanden wunderschöne Bilder, die unsere eigenen Seelenkräfte direkt ansprechen und unser ganzes Wesen inspirieren. Daher eignet sich das Engel-Licht-Tarot als velschichtiges Orakel, das Sie zu allen Lebensfragen in Anspruch nehmen können.

Ein ausführliches Beibuch gibt vertiefende Erklärungen zur kabbalistischen Tradition der Engel und des Tarot. Dazu wird jede Karte in ihren Aspekten ausführlich erläutert.
32 vierfarb. Karten, Beibuch, 160 S.
ISBN 3-89060-431-5

Rebecca Bachstein
Engel-Licht-Tarot für Liebe und Partnerschaft
Rat und Hilfe aus himmlischen Gefilden
Das Engel-Licht-Tarot erfreut sich stetiger Beliebtheit. Ein wichtiger Themenkomplex ist im Orakel die Frage nach dem Partner/der Partnerin, sind Liebes- und Beziehungsfragen. Rebecca Bachstein geht mit diesem Buch speziell auf diese Probleme ein und zeigt damit viele neue hilfreiche Seiten der Licht-Engel, denen sie für das Engel-Licht-Tarot – getreu der kabbalistischen Überlieferung – so unübertroffen ein Abbild geschaffen hat.
Buch und 32 Karten
ISBN 3-89060-467-6

Ursula Mattheus
Engelspiel
Engel sind Wesen des Lichtes und Teil des göttlichen Bewußtseins. Es gibt viele, die uns ihre Hilfe anbieten, wenn wir bewußt mit ihnen in Verbindung treten und erfahren, wie heilend und belebend sie sind. So gibt es den Engel der Erkenntnis, der Freude und der Liebe ebenso, wie den des Annehmens, der Dankbarkeit oder des Loslassens.Erwachsene und Kinder können dieses zauberhafte Kartenspiel auf vielerlei Weise benutzen; zur Meditation, als Orakel, als begleitenden Impuls für den Tag oder als Spiel für mehrere Personen in Gruppen und in der Familie.
55 Karten 6 x 9 cm in einer Faltschachtel
ISBN 3-89060-425-0

Hellena-Maria Gabriel
Heilen mit Engeln
Mit diesen 55 Engelkarten finden Sie Zugang zu Ihren inneren Heilungskräften. Die Impulse der Engel wirken inspirierend und schöpferisch und führen Sie und andere liebevoll auf den Weg der Heilung.
55 Karten 6 x 9 cm in einer Faltschachtel
ISBN 3-89060-426-9

Ursula Mattheus,
Hellena-Maria Gabriel
Entscheiden mit Engeln
Öffnen wir uns den Engeln als Wesen, die uns begleiten und unterstützen, werden wir bemerken, daß sie uns sehr konkrete Hinweise und Hilfe geben. In den Engelentscheidungskarten begegnen uns diese lichtvollen Begleiter mit direkten Anweisungen zu unseren Fragen. Es unterstützen uns die Engel Verwirklichen, Genießen oder Mut beweisen, oder die Engel Loslassen und Verzichten raten uns vielleicht von einem Vorhaben ab.
55 Karten 6 x 9 cm in einer Faltschachtel
ISBN 3-89060-427-7

Hellena-Maria Gabriel
Engel für Liebe und Partnerschaft
Diese 55 Engelkarten sind ein Weg, spirituelle Impulse in Partnerschaft und Liebe einzubringen. Sie geben Klarheit, führen zu Austausch und schaffen Harmonie. Die Karten verbinden Sie mit der Kraft der Engel, so daß Liebe gelingt und neue Lebendigkeit entsteht.
55 Karten 6 x 9 cm in einer Faltschachtel
ISBN 3-89060-422-6

Der Neue Erde-Verlag ist Sponsor des Drei-Haine-Projektes im Elsaß. Hier entsteht ein Ort der Begegnung zwischen Baum und Mensch: Alle heimischen Baumarten sind als Solitär vertreten, es gibt einen Eibenkreis und einen Kreis der Menschen und Kulturen. Infos bei:

Freunde der Bäume e.V.
Cecilienstr. 29, D-66111 Saarbrücken
fdb@neueerde.de, www.freunde-der-baeume.de

Bücher von NEUE ERDE im Buchhandel
Im deutschen Buchhandel gibt es mancherorts Lieferschwierigkeiten bei den Büchern von NEUE ERDE. Dann wird Ihnen gesagt, dieses oder jenes Buch sei vergriffen. Oft ist das gar nicht der Fall, sondern in der Buchhandlung wird nur im Katalog des Großhändlers nachgeschaut. Der führt aber allenfalls 50% aller lieferbaren Bücher. Deshalb: Lassen Sie immer im VLB (Verzeichnis lieferbarer Bücher) nachsehen, im Internet unter **www.buchhandel.de**

Alle lieferbaren Titel des Verlags sind für den Buchhandel verfügbar.

Sie finden unsere Bücher in Ihrer Buchhandlung oder im Internet unter **www.neueerde.de**

Bücher suchen unter: **www.buchhandel.de**. (Hier finden Sie alle lieferbaren Bücher und eine Bestellmöglichkeit über eine Buchhandlung Ihrer Wahl.)

Bitte fordern Sie unser Gesamtverzeichnis an unter

NEUE ERDE Verlag
Cecilienstr. 29 · D-66111 Saarbrücken
Fax: 0681 390 41 02 · info@neueerde.de

NEUE ERDE